无形影响力

[德] 约亨·拜亚（Jochen Baier）著
张林夕 译

KÖRPERSPRACHE

肢体语言锻炼方法

Was Sie mit Körpersprache bewirken können– ein Trainingsbuch

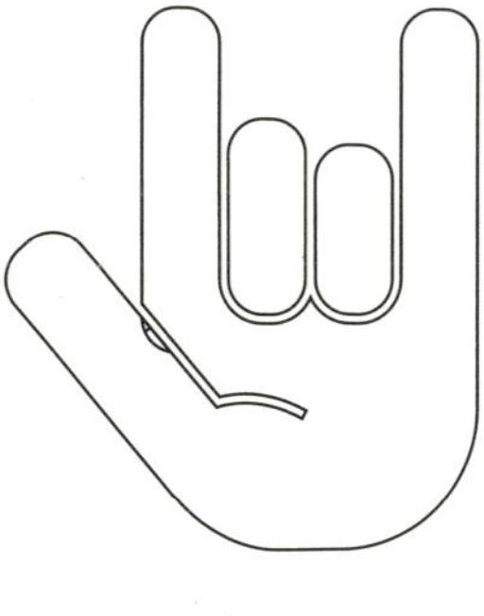

北京时代华文书局

图书在版编目（CIP）数据

无形影响力 ： 肢体语言锻炼方法 / （德）约亨•拜亚著 ； 张林夕译. — 北京 ： 北京时代华文书局，2022.4

ISBN 978-7-5699-4554-6

Ⅰ. ① 无… Ⅱ. ① 约… ② 张… Ⅲ. ① 身势语－通俗读物 Ⅳ. ① H026.3-49

中国版本图书馆 CIP 数据核字（2022）第 033126 号

北京市版权局著作权合同登记号　图字：01-2019-6761 号

Published in its Original Edition with the title
Körpersprache. Macht. Erfolg.: Wie Sie andere im Beruf überzeugen und begeistern
Author: Monika Matschnig
By GABAL Verlag GmbH

The simplified Chinese translation rights arranged through Zonesbridge Agency.
Email: info@zonesbridge.com.

无形影响力：肢体语言锻炼方法

WUXING YINGXIANGLI: ZHITI YUYAN DUANLIAN FANGFA

著　　者 | [德] 约亨•拜亚
译　　者 | 张林夕

出 版 人 | 陈　涛
责任编辑 | 余荣才
责任校对 | 张彦翔
装帧设计 | 程　慧　赵芝英
责任印制 | 訾　敬

出版发行 | 北京时代华文书局 http://www.bjsdsj.com.cn
北京市东城区安定门外大街 138 号皇城国际大厦 A 座 8 楼
邮编：100011　电话：010 - 64267955　64267677
印　　刷 | 三河市嘉科万达彩色印刷有限公司　0316-3156777
（如发现印装质量问题，请与印刷厂联系调换）
开　　本 | 880mm×1230mm　1/32　印　　张 | 6　字　　数 | 115 千字
版　　次 | 2022 年 5 月第 1 版　印　　次 | 2022 年 5 月第 1 次印刷
书　　号 | ISBN 978-7-5699-4554-6
定　　价 | 48.00 元

目录
CONTENTS

第1章　引言

第2章　热身

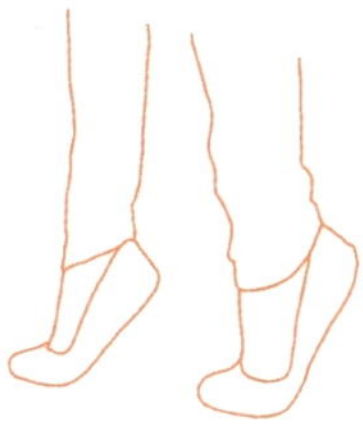

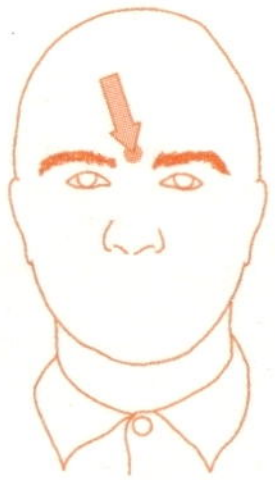

第3章　显示更高的身份和地位

第4章　赢得信任，获取平等

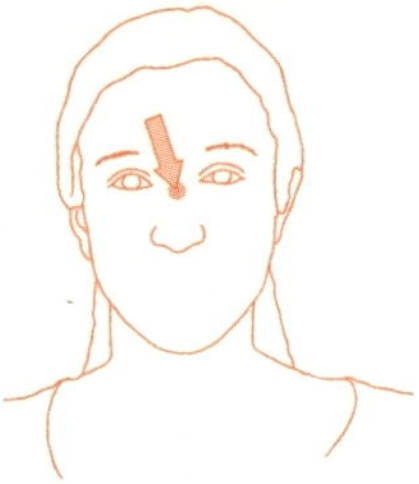

第5章　激励

第6章　演讲

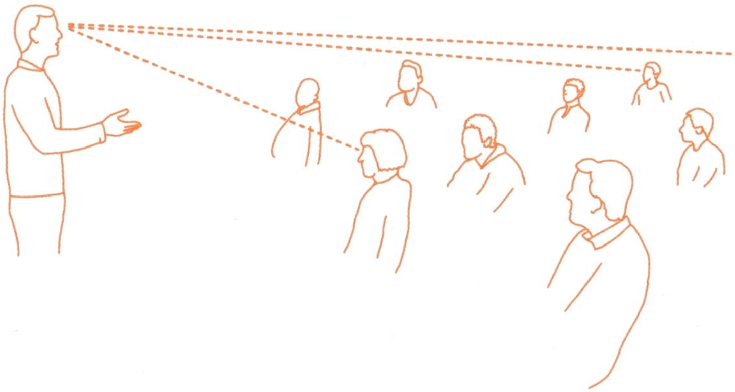

第7章　解读

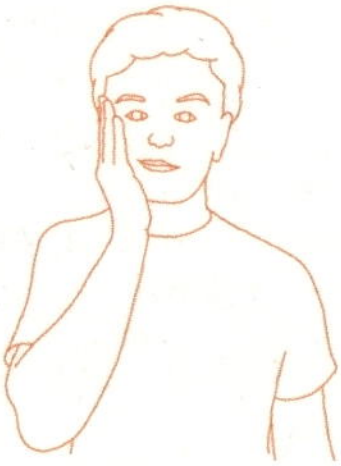

第8章　深化与组合训练

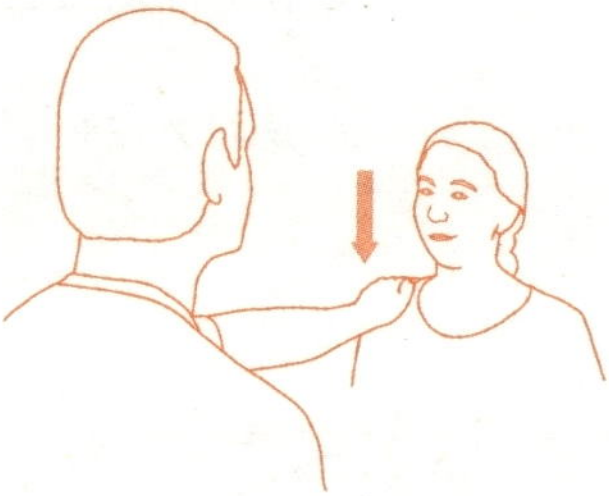

第1章

引言

1 肢体语言的含义

行动胜过言语

当我们表示赞赏时，我们会竖起大拇指；当我们获得成功时，我们会做出“胜利”的手势；当我们对某个事物感兴趣时，身体会前倾；当我们陷入热恋时，脸上会露出微笑——我们所做的这一切，有些是有意的，有些却是无意的。有时，我们会不经意地挑起眉毛，甚至会夸张得像HB香烟[1]盒上的卡通小人一样。

竖起大拇指

下面这个实验格外有趣：让一个人用言语来形容胜利的手势，同时，让另一人在一旁做出竖起大拇指的动作来表示赞

[1] HB香烟，德国出产的一种香烟品牌。

赏。结果，观看者不关注那些言语形容的内容，而是直接模仿在一旁做手势的人的动作。一试便知：行动胜过言语。

我们经常听到诸如“笑”或“看起来不太凶”之类的表述，但更常见的情形是，我们会接收到肢体语言，也会对其做出反应，但不会将其描述出来。肢体语言实质上还是“不可言说”的语言。这就是一旦别人知道你深谙肢体语言，并且带有目的性地针对他使用，他就会感到不安和压抑的原因。本书探讨的内容应该是我们之间的秘密。通过锻炼，你才能更好地摸透别人——更确切地说，是摸透他们的想法。想法从人们的脑中不经意地流出，我们可用“捕言网”将其捕捉。

2 天然差异和文化差异

性别

我们的肢体语言最容易受到性别的影响。比如，女性通常从脸的前部开始脱套头衫，而男性通常从背的后部开始脱套头衫；在查看指甲的时候，女性通常会张开手，从手背朝上的方向看，而男性则喜欢向内握拳，从手心朝上的方向看。

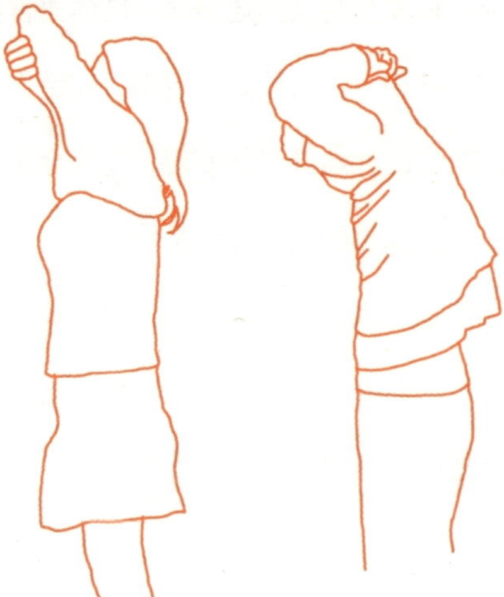

女性和男性差异之一：
脱套头衫

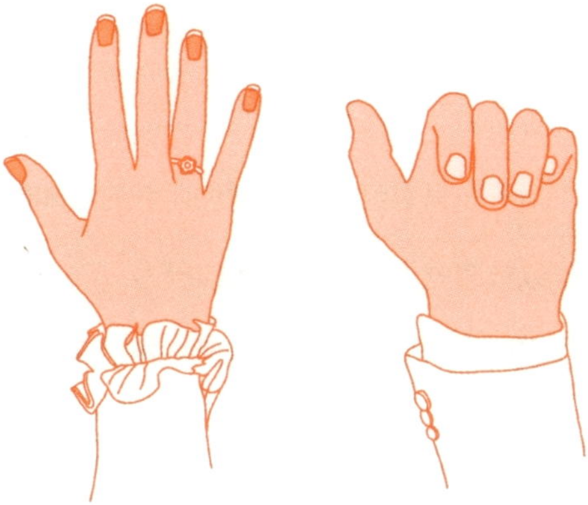

女性和男性差异之二：
查看指甲

与女性的传统形象相符，她们在站立时通常会弯曲膝部、收胯或倾斜头部；而男性会保持昂首挺胸，主要是为了展示力量。值得一提的是，如果女性采取这种“男性气概”的姿势，有时会招致负面评价，哪怕她在级别或角色上已然占据了明显的主导地位。

身形

身形也是个重要因素。比如，比起小个子的人，高个子的人更少张扬自己的身体潜能。高个子的人会偏向于“缩小”自己，而小个子则倾向于让自己看起来更高。实际上，小个子通常会努力增加自己的存在感，以此来作为对自己身形较小的一种补偿。

与生俱来的

并非所有的身体行为都是后天形成的。比如这样一种现象：七成的人在交叉手臂时将左臂放在右臂上面，无论是左撇子还是右撇子都这样。还有一系列几乎所有人都通用的面部表情——只有经过大量刻意训练的人才能隐藏，或削弱为难以被察觉的微表情，比如厌恶、兴奋、惊讶和敌对之类的表情。这些表情通常出现在转瞬间，但不论在世界何地，都能被自然识别。

文化烙印

还有就是，不同的文化背景也自然地影响了肢体语言。文化背景塑造了有意识的手势，有时也会在不同文化中带来误解。在很多文化中，将拇指放在食指和中指间表示好运，而在另一些文化中则表示侮辱性的咒骂（“去你的”）。如果是其他文化完全不能理解的手势反而会好一些，比如，波兰人和俄罗斯人会用食指和中指轻弹脖子表示自己（或在场的其他人）喝醉了；而在德国或美国，即使没喝多的人也不能理解这个手势。

一个典型的东欧手势

数到“10”

人们用不同手势来计数，这些手势就是文化差异的一个极佳例子。回想一下昆汀·塔伦蒂诺（Quentin Tarantino）执导的电影《无耻混蛋》（*Inglorious Basterds*）里一个在酒吧里出现的场景：一位盟军间谍在说“点3杯威士忌”时，因为做出明显的英国手势而暴露了自己——因为英国人计数从食指开始，而德国人从拇指开始。中国人的方式则与众不同，有点异国情调。一个中国姑娘曾向一群美国学生介绍“中式计数手势”，最后惊倒一片。一开始，这些西方学生还有一种自我优越感，因为中国计数的手势看起来有些奇怪：“6”是冲浪者打招呼时用的手势（放松手势），“7”像皮影戏里的一只母鸡，“8”是德国人的“2”，“9”只需简单地弯曲手指，“10”是一个拳头。然而，当这位中国姑娘问大家，为何明明只用一只手就可以数到“10”，美国人（和欧洲人）却非要用两只手时，西方学生们的那种优越感轰然瓦解。

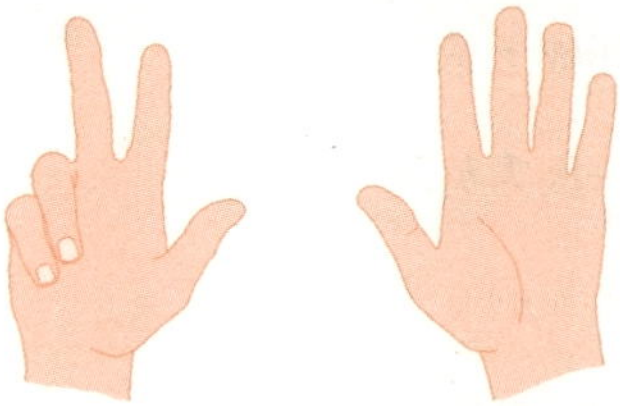

德式的“8”

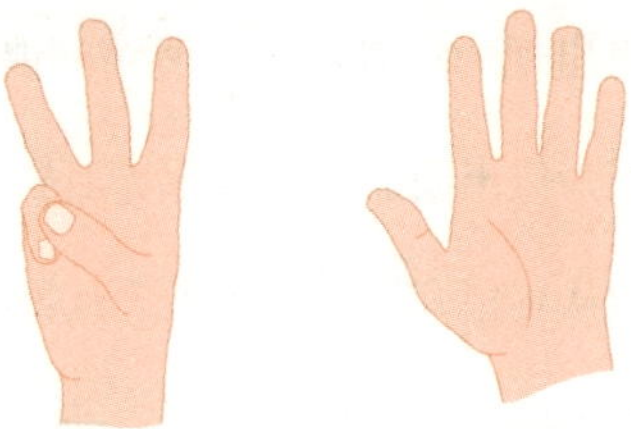

英式的“8”

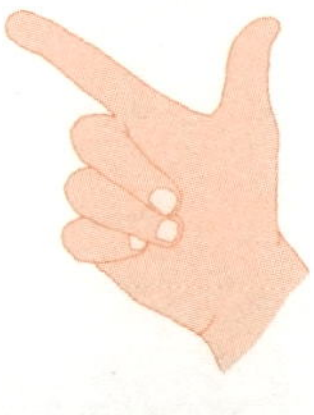

中式的“8”

3 整体性看待

各种迹象

有时，肢体语言也会像口头语言一样含糊不清。比如，双臂交叉可以表示拒绝，但也可能只是某人为了体现自己比较冷酷。因此，我们应该通过各种“蛛丝马迹”去考察。一个人的肢体语言看起来无论与其口头表达的内容多么相符或相悖，都只是表象；只有当各种肢体语言同时出现时，肢体语言传达出的才是这个人基本真实的意图。

本书的结构也体现了这一点：肢体语言需要一系列信号的组合才能被识别出来。为了更具体、直观地了解肢体语言中的各种迹象，本书将不同的组合拆分，分为如下三个层面：a）头和颈；b）躯干和上肢；c）下身。

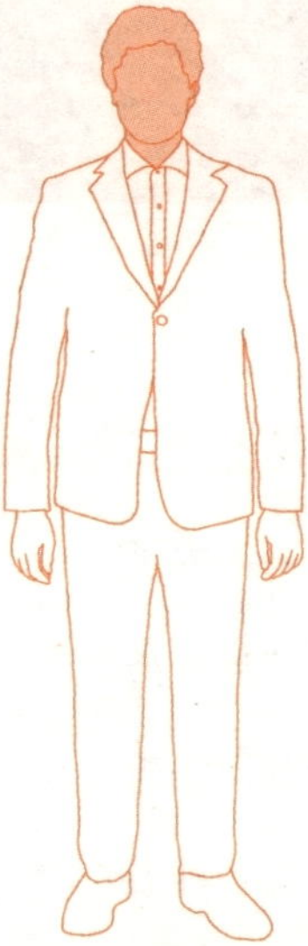

头和颈

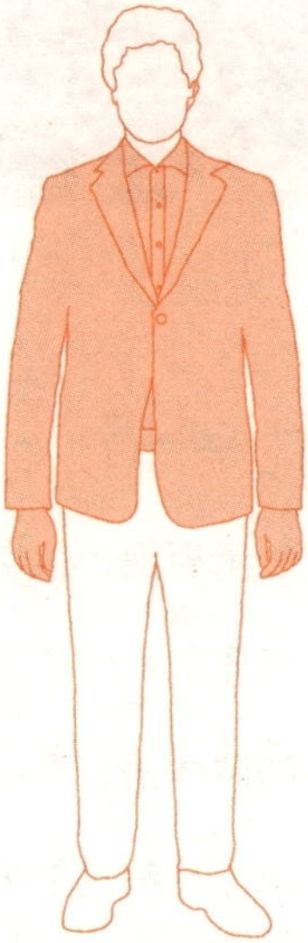

躯干和上肢

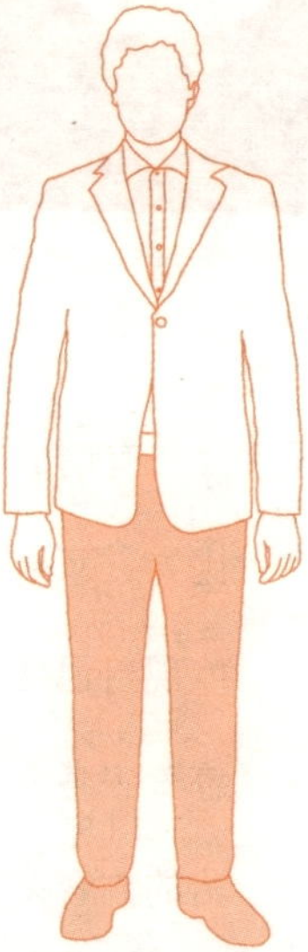

下身

本书的每个章节都从三个层面展开。我们还向你展示每个层面所对应的方法，以轻松地完成某种特定的肢体表达效果。比如，如果你想获取信任（第4章），则可以从三个简单细节开始：微微倾斜头部、张开双臂、将自己的躯干处于略低于他人的位置。如果你掌握了这些基础，就可以慢慢开始在各个层面的表演了。

三个层面

在这个过程中，你需要做出不同的动作、表情和姿势。我们将借鉴传统无实物表演里的概念，把这些元素统称为“关联肢体动作”（Tock），这个拟声词描述的是“锁定”或短暂（且有意识地）定格的肢体动作。你可以借助本书介绍的9种关联肢体动作，进一步掌握你所学习的内容。在有关三个层面讲解的图例旁，有一目了然的快速概览。

关联肢体动作

4 识别基准线，解读肢体语言

很多人都难以准确地解读肢体语言，但女性往往可以做到。据统计，男人识别的准确率比撞大运高不了多少。另外，用随机生成器软件来识别肢体语言也能达到相当的准确率。

熟能生巧

除了用生成器软件进行视频分析外，还是有一部分人（也包括男性）极善于观察，好像拥有稳定的读心术一样。如果想达到高超的水准，就需要多年的练习；但是如果遵循一些基本原则，就可以很快达到不错的程度。比如在阅读本书之后，你可以识别出“感兴趣”和“漠不关心”，或心虚时带来的紧张。

明察秋毫

在“阅读”肢体语言时，像导演、戏剧理论家奥古斯都·波瓦（Augusto Boal）[1]所形容的那样：你应铭记，每

---

[1] 奥古斯都·波瓦（1931—2009），巴西剧作家、导演、戏剧理论家，代表作有《被压迫者剧场》。

一种感觉都是各种感觉混合而成的“彩虹”。比如，狂热可以由不同比例的渴望、兴奋、依赖，也许还有爱恋共同组成。感觉和思想都是复杂的。另外，每个人都有自己的“基准线”，即个体化的肢体语言行为模式，引导着一系列具体的行为和反应方式：因此有人似乎永远不会兴奋，而有人则给人留下活泼的印象。所以，同样的心境可以有完全不同的“实体化”表现。总而言之，想掌握基础知识，就应该多做练习，同时不要武断得出结论，尤其要避免说出“你撒谎，我看出来了”这样的话。当你在某一时刻确定识破了别人的谎言，你就可以决定：是该摆脱这些人了，包括一些假朋友。在撰写本书期间，本人就经历过两次这样的事情。

5 本书使用说明

第1章“引言”的概述和第2章的“热身”，希望可以激发你对运用肢体语言的兴趣，打开（自然本能的）枷锁。本书主体（第3章至第7章）中的知识点和练习能带给你充实的学习体验。你可以先选择个人所需、想扩展的技能。如：

· 示强（第3章）
· 赢得信任、获取平等（第4章）
· 激励（第5章）
· 演讲（第6章）
· 解读他人（第7章）

本书结构

每一章的结构都是相同的。先是为你提供必要的基本信息，包括背景和引人入胜的细节介绍；然后是针对“关联肢体动作”的简短描述，让你可以快速实践；之后的“快速回顾”将再次汇总这些关联肢体动作，并对应到身体的三个层次上。书中星号的个数表示掌握相关技巧的难易程度（简单：*；较难：**；困难：***）。此外，肢体语言课题小组成员和我们的测试者为了本书的撰写及习题编撰进行了多次完整的测试——建议读者对每个专项及每个身体层次至少要做一次练习。

6 快速回顾——一网打尽

概览：肢体语言和相关能力

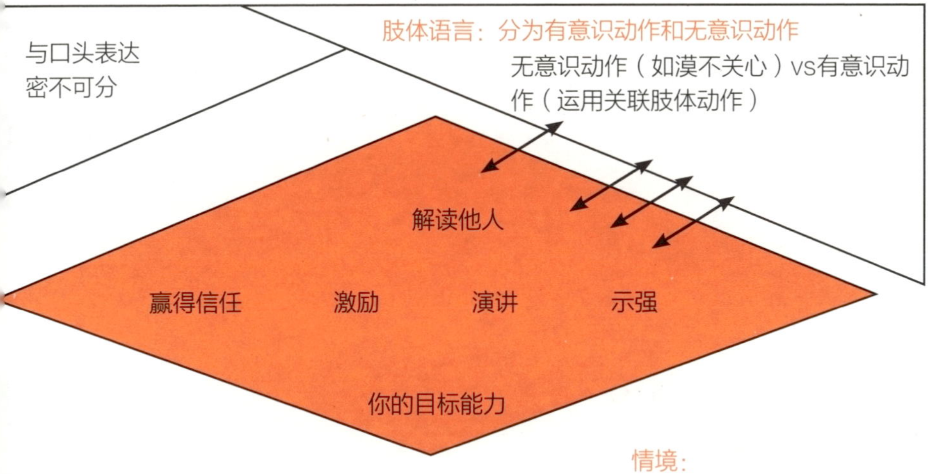

情境：

如商业情境或教学情境

基础条件：

人

· 先天行为
· 性别
· 体格
· 性格/个性
· 文化和家庭背景

第2章

热身

克服障碍

以下的热身练习将帮你克服对新知识的胆怯，为后续实际练习做准备。大多数人并不适应让自己的身体有意识地“说话”。这可能比口头表达更需要勇气。据统计，多数人对在公众面前做口头表达的恐惧甚至比死亡还要大——因此，有一定程度的不适应是很正常的现象。

身体感官

这组热身已在小组训练及个人训练中都经过了检验。首先是激活自己身体的知觉。最好在安静、不被打扰的环境中进行训练。最开始的放松训练可以没有音乐，但在音乐伴奏下完成会更好；用来过渡的（传统）无实物表演基础训练需要一面尽可能大的镜子。两项活动都可以帮助你激发更好的身体感觉。

1 放松训练

（1）在房间中感受自我

首先，只需在房间里简单地来回走动，有意识地改变几次步速。现在，请练习：脚尖着地、脚掌内边缘着地、脚掌外边缘着地、脚后跟着地，走动，交替进行，保持1分钟以上。如果可以的话，继续改变步速。

走动并感受

提升训练：走动时，感受自己的臀部和头部是如何上下活动的。先放大，再缩小活动幅度。

（2）动作切分

从手指开始活动（从每个手指的第一指节开始），一根一根地动，随后一对一对地动，再一组一组地动。慢慢将活动范围扩大到两只手、手臂和肩膀。将上身前倾、后

深入细节

不同的步法

倾，头部侧倾枕在肩上。

接着，活动下身。试着单独活动脚趾，伸展脚趾并抬起脚。最好躺着做这个练习，不过，坐着也有可能做到。用脚踝带动脚部左右旋转，然后用脚尖带动脚部画圈：画的圈先由小变大，再由大变小。来回移动小腿，然后移动整条腿。

最后静坐在椅子上，回想一下刚才的动作。逐一回顾并尝试记住刚才的肢体体验。比如，你可以回想一下用脚掌外边缘走路的感觉，同时保持身体不动。

以下有关运动的提纲，也许可以帮助你逐项回忆：

- 指尖运动
- 多根手指运动
- 带动手部运动
- 上肢运动
- 肩部运动
- 头部运动

- 伸展脚趾
- 转动脚部
- 移动小腿
- 运动整条腿

2 传统无实物表演训练

以下练习主要聚焦于两个基本点：表演的清晰性、无实物表演动作同客观事物的互动。这两点都对肢体语言很重要，即肢体语言应该清晰明了，并且需在相关环境下达到预期的效果。

清晰性

想要理解“清晰性”的意思，最好借助以下简单的练习来感受：

（1）喝饮料

尝试假装喝不同的饮料：一杯柠檬汁、一杯烈酒、一杯红酒、一杯香槟。如果你做得正确，表现出来的动作应该明显不同。以柠檬汁为例，你可能会先打开瓶子，倒入杯子里，然后用吸管喝。

提升训练：现在喝一壶咖啡，再喝一壶茶。仔细思考，如何清晰地展现喝这两种饮料的动作。

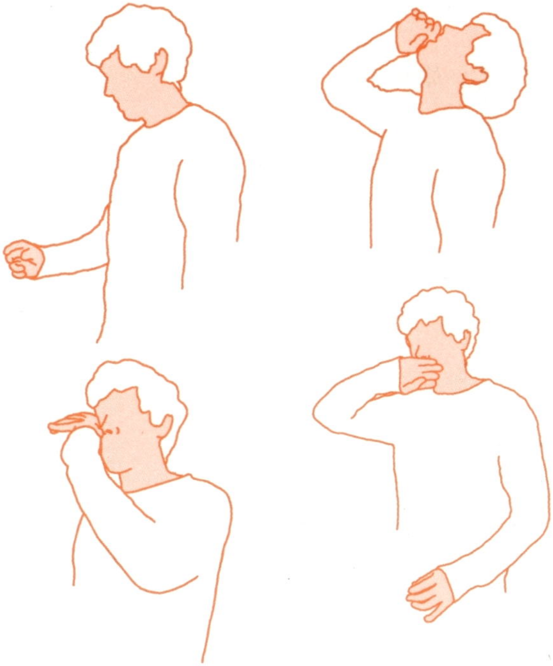

喝烈酒的无实物表演

互动关系

与客观事物的互动是传统无实物表演的基础，但是也带来了一个绕不开的问题。也许在上面的练习中你已经注意到了这个问题：在无实物表演过程中，咖啡杯可能会“缩水”或“膨胀”。几乎所有零基础的参与者都会遇到这个问题，但是可以通过练习得到提升。

（2）其他虚拟物体练习

保持同一尺寸大小

首先用手比画棍棒、平面（如虚拟的桌子或镜子）及不同重量的物体（如气球、排球、铅球）的尺寸。“拿起”每个虚拟物体半分钟，同时思考：“这个物体有多长、多宽？我可以怎样移动它再放回原处？如果我将手松开会出现什么情形？”

与环境进行情绪互动就是无实物表演的下一阶段。对此也有相应的热身运动。

（3）神奇的盒子

情绪的清晰性

拿起一个虚拟的盒子，打开想象出的盖子，设想盒子中有一只可爱的小猫（或者小狗）。如果你的想象力足够丰富，面部表情会自动改变。试试看吧！下一步，慢慢地在盒子里寻找新的东西。尽可能交替想象可爱的和不可爱的事物。当你看到老鼠时，与看到小猫时的表情是否有所不同？

看到小猫时的表情

看到老鼠时的表情

3 补充：微笑

真笑还是假笑?

有人在照片中看起来总是笑得很开心。对此，还有一些相关的经验之谈和惯常方法（比如在拍照时张口说“茄子”）。然而，这样的微笑常常显得有些刻意和勉强，可以从一些细节看出来，如眼睛周围的面部肌肉并没有被真正调动起来，而且这样的微笑不会逐渐消失，而是会突然消失。

如果你被要求必须或应该“制造出”微笑，最好从看到“小猫”或“小狗”时的训练开始。加强巩固这种想象，练习你的反应，以便在下一次拍照或聊天时可以随时调用出来。参与我的课程的学员们证实，实际发生过的积极经历（比如爱抚、婴儿出生、第一次约会）也有同样的效果。

提示：因为回忆时人总会将头轻微转向放空的位置，所以你应该有意识地将目光盯在镜头或交谈对象身上。

此外，根据美国学者的研究，微笑已被证实可以提高效率、减轻压力，无论你因何而笑，都能取得这种效果。

扩展面部表情库

在下一次做热身训练时，你可以尝试翻拍、模仿照片上的表情。在我们的肢体语言训练中，模仿电影海报被证实是十分有效的方法，因为海报通常是用一个激烈的面部表情传递情感。请你从下一页的图片开始练习，然后继续寻找杂志或网络上其他富有表现力的照片，对着镜子检验自己。

提升训练：如果你可以很好地复制照片中的面部表情，觉得没有挑战性，可以尝试模仿电视中播放的画面，或刚刚看过的视频。

电影《本能》（*Basic Instinct*）
人物情绪

电影《惊魂记》（*Psycho*）人物情绪

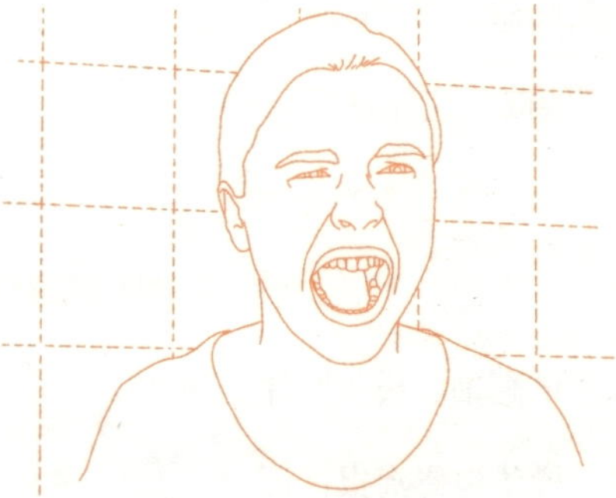

电影《胖子和傻子》（*Dick and Doof*）
人物情绪

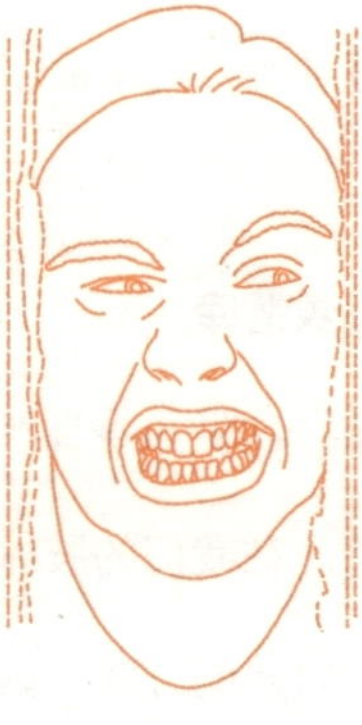

电影《闪灵》（*The Shining*）
人物情绪

电影《蒂凡尼的早餐》
（*Breakfast at Tiffany's*）人物情绪

第3章

显示更高的身份和地位

犀利的面试

索林根市一家大钢铁厂的老板有一个出名的习惯，即让前来应聘销售岗位的应聘者在一个空仓库里面试，然后带着应聘者一起穿过空仓库去他的办公室。据说他是跟弗朗西斯·福特·科波拉[1]（Francis Ford Coppola）学到这一点的，科波拉就是这样面试好莱坞主角的。如果应聘者质疑这个办公室不符合老板的身份，认为老板理应拥有更好的办公室，他就不适合这份工作，即使有再好的推荐信也不行。这就是犀利的索林根面试。

[1] 弗朗西斯·福特·科波拉（1939—），意大利裔美国导演、编剧、制片人，荣获第47届奥斯卡金像奖最佳导演称号，代表作有《巴顿将军》《教父》和《现代启示录》等。

1 基本信息

上面这个小故事清晰地体现了地位是由社会职能和人际关系共同决定的。我们要知道的是，外部体态是地位的镜子——我们必须运用各种手段“一步一步”赢得社会地位。

社交技巧和人际关系

进入会场时的“登场亮相”似乎是体现一个人社会地位的第一面镜子。正如古典戏剧中惯常在介绍重要人物首次亮相时，会让演员从舞台的后区缓步走向舞台中间，这被称为“皇家入场式”（Royal Entry），有立竿见影的效果。你可以自己试一次，在课堂或会议演讲前，在现场多走一段距离（也就是说，从与讲台或大屏幕相对的后门开始）。这样，在巡视场面时就完成了一个简化版的皇家入场式。经试验，任何注意到你的人都会立刻安静下来并竖

皇家入场式

起耳朵。

控制场面

在课堂或办公场所，你的地位还可以通过潇洒地撑在或倚靠在身边的办公家具（如讲台、桌子等）上来提升——这基本就是让你的地位提升的标志。但是你不要做得过火，尤其是在他人的办公家具（如同事的办公桌）前时；同时观察所取得的影响并采取相应的措施。根据你对主导地位的愿望需求，可以使用手指、手掌或小臂撑在家具上；再极端一点，甚至可以用脚撑在家具上（较为冒犯，因此多数时候不适宜）。当然，你也应该有针对性地使用一系列关联肢体动作来完成所谓的“控场”。

内心平静

重要的一点是，要保持自己内心的平静。将控制权让渡给他人，保持平静并乐在其中就好。这些道理你也能通过自己的生活经历总结出来。比如，如果你被邀请去参加一场晚宴，事先无法预知在这次晚宴上会过得好还是不好。这时，你可以回想一下，大多数时候参加宴会的客人并不是决定性因素，主人是否乐在其中才是关键。换句话说，在晚宴上过得好还是不好，取决于你是否信任主人。

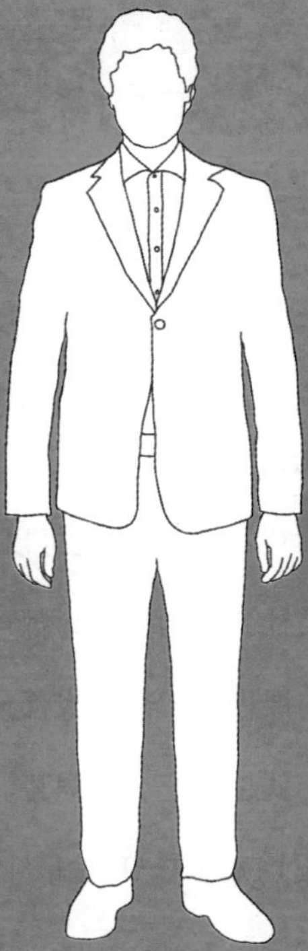

2 关联肢体动作

头部

凝视第三只眼*[1]

在生活中，眼神交流可以大大影响等级关系的博弈，从人类社会和动物世界都可以发现这一点。但是，参与过我的课程的大部分人都认为，谁保持眼神交流时间越长，谁就越坚定、越强势。拳击比赛前的互相瞪眼（Outstaring）就是这一理论最纯粹的体现形式，几乎很少

[1] 本书用“*”数量来表示掌握肢体语言技巧的难易程度，数量越多，难度越大：简单，用“*”；较难，用“**”；困难，用“***”等。

有人会质疑眼神交流对等级形成的影响。然而，在现实的社交环境中常常是另一种情况。比如，有研究结果表明，公司中的高层会避免与下属进行眼神交流。他们用这种方式公开表达自己的漠不关心。换句话说就是，他的位置高于所有人，不必与他人走心地打交道。然而这种无视他人的做法也存在某些风险，因为这样很容易被人打上“傲慢”的标签，相对棘手。

无论如何都不要在目光交汇后又迅速闪躲，低头向下看。为什么？当这样做导致动物园里的野兽向你发动袭击时，你就会明白。

你可以用一个眼神就让他人立刻陷入被动或潜

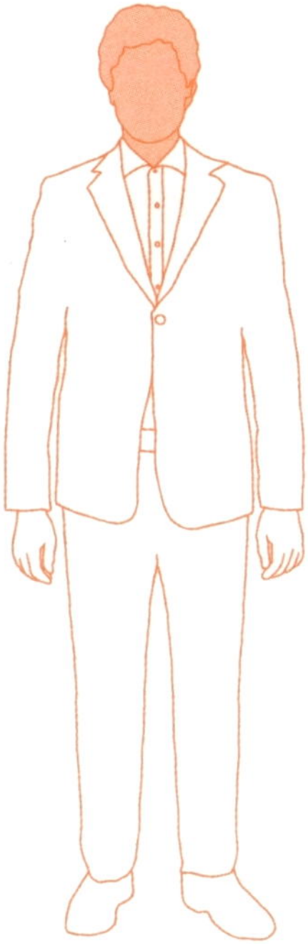
看着我的眼睛

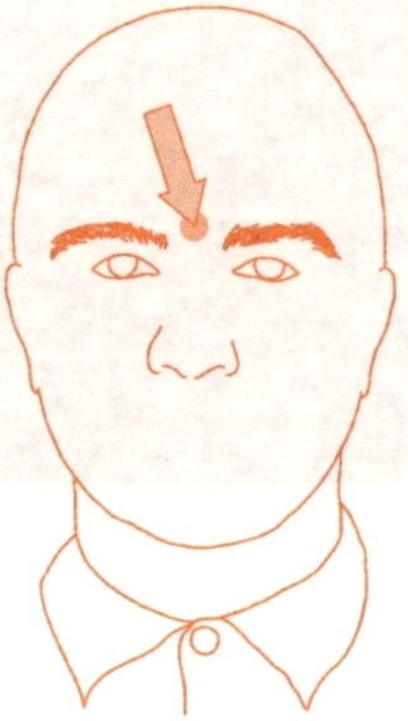

第三只眼

在的从属地位，那就是凝视他的“第三只眼”。

僵尸效应

我很喜欢在研讨会上做这个实验，让整个课题组的人都盯着一位志愿被试者的额头，然后询问被试者的感受。被试者总是描述被凝视的时候感到非常恐惧（“僵尸效应”）。

很惊人的是，在后续的研讨会上，每次都有新的被试者报名体验，每个人都在此期间强烈地感受到了第一位志愿者所描述的情形。这听起来像伪科学，但真实存在。

扬起下颌，肩膀向后放松**

示强

坚毅的下巴可以表现力量和韧性，紧张时绷紧的下巴会暴露出局促不安。还请你务必记得将双肩向后舒展，自然放松，不要耸肩。建议你做一些相关练习，改掉无意识的坏习惯。

短暂且轻微的挑眉***

如果你想运用这组关联肢体动作，需要控制好挑眉的幅度，并在镜子前面练习。如果你将眉毛挑得过高，看起来就很可笑；如果挑得不够高，就很难被察觉；如果挑得不对称，就变成了笨拙的挑衅；如果你做对了，则可以表达“警告”“不要挑战我”或“我会盯着你”的用意。

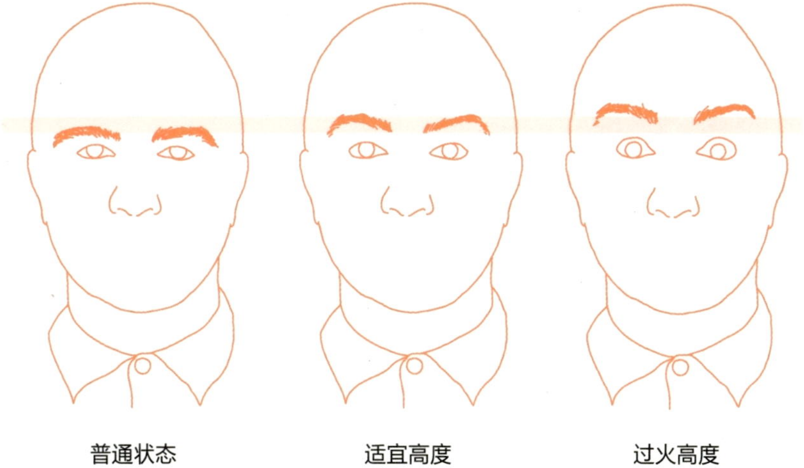

挑眉！

通过这种非口头表达，你可以优雅地避免用语言表达时所必然触发的不和谐音。

躯干和手臂

挺拔、自信的姿势 *

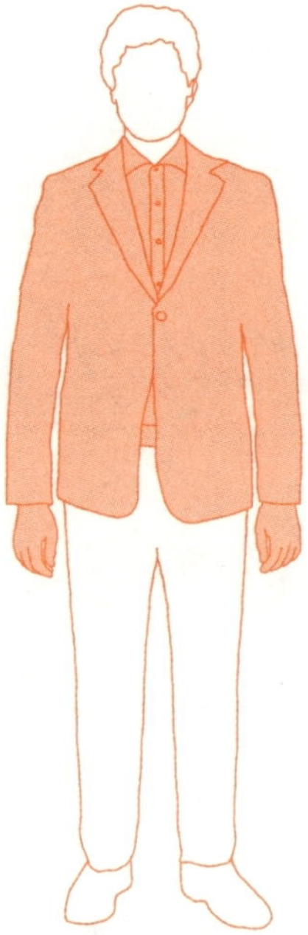

请注意姿态！

姿势也是明确个人地位的重要手段。地位更高的人也会相应扩展更广的个人空间——所以，无论如何请避免歪头或者歪脖的动作。站直的时候，人显得更挺拔。你还可以利用如手随意地插在口袋里一类的动作来增加自己的气度。德国前总理施罗德（Schröder）就是这样体现自己自信的国家领导人形象的。如果看到草丛中有“狗仔队”（追踪摄影者），那么他即使在骑自行车时也会不自觉地将一只手插在口袋里——还好他会单手骑车。

女性（或体格较小的男性）通常会将手放在夹克褶边或纽扣门襟的地方以达到相同的效

果（如身材矮小的拿破仑）。手举到哪一个位置可以比较舒服，有很多种选择。请自己试一下，放在哪里适合你，能够让你感觉良好。

你还可以通过将双手（或一只不插口袋的手）扶在髋部来显示自己的主导地位——男性叉腰会靠下一点，女性则靠上一点。男性有时会将拇指方向指向生殖器，而女性则倾向于将拇指对准前方，这也会加强叉腰的效果。

任何情况都不要把拇指藏在口袋里，否则会带来“缩小”的视觉效果。

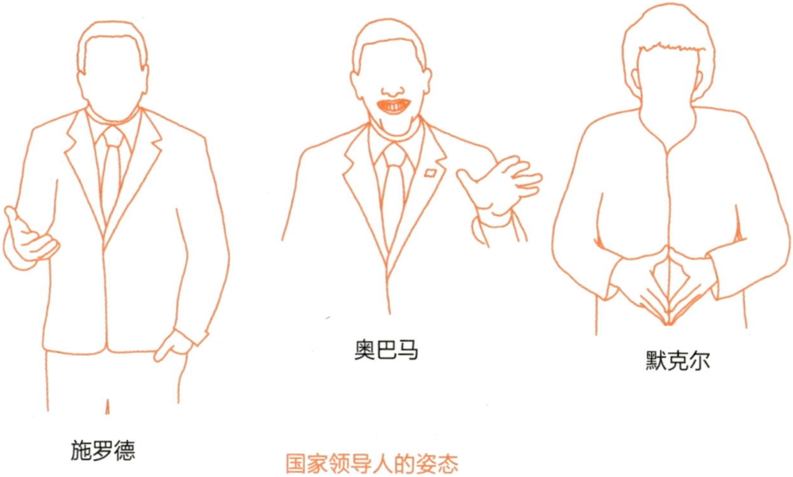

国家领导人的姿态

延长手臂*

如果可以的话，你应该尽可能保持张开双臂的状态，即“延长”手臂，这个动作看起来比较自信并且会扩展个人空间。

沉稳有力的手势**

少即是多

少即是多。找好自己的基准线，即习惯性的标准姿势。你会克制地使用手势吗？还是你属于不安分的地中海风格？你会表现出紧张情绪吗？无论你是哪一种，少用手势会有效增加气场，沉稳而有力的手势会显得自信且大气。

主导圈

如果你想有针对性地指出他人的（等级）界限，可以用手指向他，并从上到下移动，然后自然地从贴近自己身体的位置收回手臂，回到上方。这叫作“主导圈”。

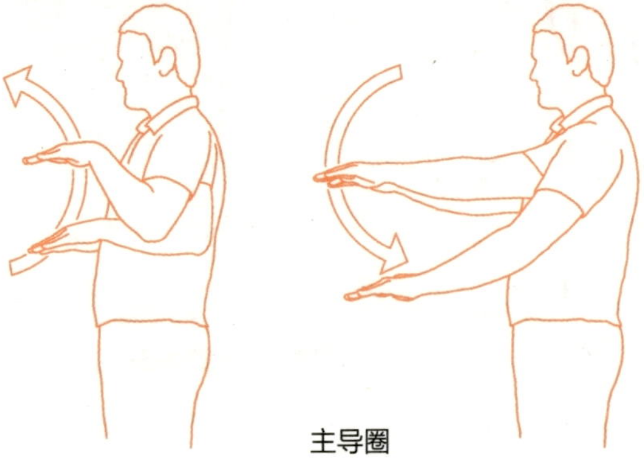

主导圈

手向下移动的时候，手掌向下可以从视觉上进一步加强你的地位（握手时也同理），必要时可以伸出食指至无名指这3根手指。只伸出食指可以显得更博学、文化水平更高——如果你想达到这样的效果，可以考虑再加上拇指。在手势中使用的手指越多（食指、中指、无名指、小拇指），手从上到下移动的距离越远，你所暗示的或客观存在的双方地位差距就越大。手部重新抬起前，将手收得离身体近一点，还可以加强这一效果（***）。

下身

占据中心*

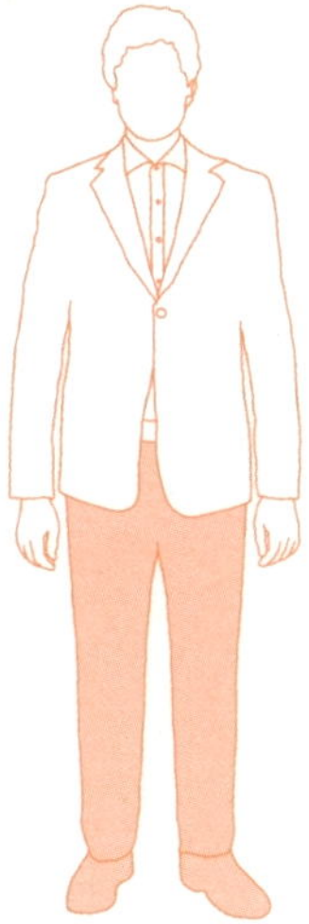

请仔细考虑你在所处情境中的重要性有多大，或应该有多大。如果你是主要人物，就要站在“最易接近点”上。这个位置要能够与他人进行眼神交流，靠近核心物体，大多数时还能够靠近多媒体（如活动挂图、黑板和画布），同时也是大家目光的焦点。

领导者站在“最易接近点”上

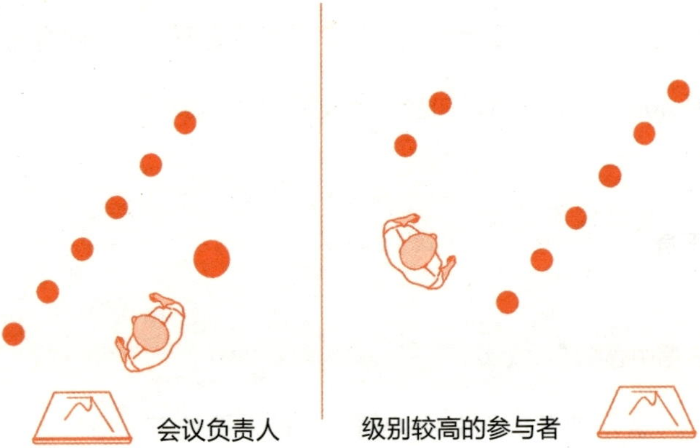

寻找偏高且巧妙的位置*

如果你有机会选择，应该选择更高的位置。可以站在小台阶上、靠在桌子上或选择更高的椅子，等等。进入活动场所时，应该事先环视一周，悄悄寻找类似的位置。即使只能站立，你也可以选择稍稍前倾站立——这可以体现你的活跃度和参与感。

有意识地调整脚尖方向*

脚在“说话”！

你的脚通常会暴露你的心思（坐下时的膝盖也会）。脚尖的朝向会暗示出谁或什么对你更重要。基本上，你希望下一阶段晋升到什么阶段，你的脚就应朝向那个阶段的人。在参与讨论和决策时还要注意以下几点：如果你想说服参与对话的所有人，就请不时改变眼神的方向和脚的位置；然而，如果决策主要取决于某一个人的判断（如首席执行官、重点客户或董事），你的目光仍应顾及所有人，但脚（和膝盖）应该对准这个特定的人。当然，观察其他人脚的位置也很有趣，尤其是当别人没有意识到这点的时候——会议桌之下的景象通常比桌上更精彩。

3 快速回顾——一网打尽

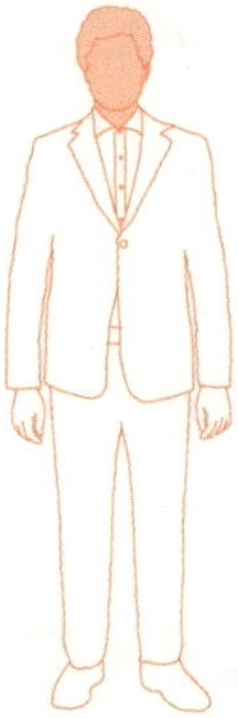

■ 下颌上扬，肩膀放松

■ 凝视第三只眼，同时也尽可能环视其他人

■ 稍稍挑起眉毛

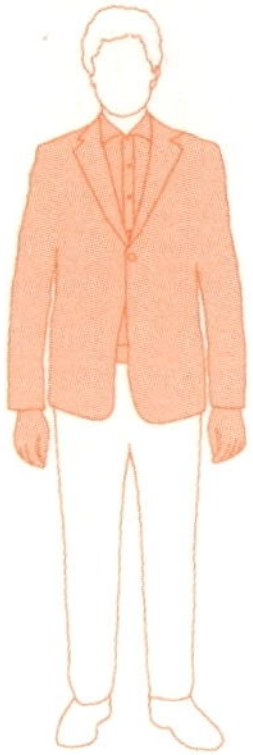

■ 挺胸抬头，可以将手插在口袋里（政治家姿势）

■ 舒展手臂

■ 沉稳有力的手势（不要过多），可以用手势“压住”对方的气场（手掌快速下翻，伸出1至3根手指）

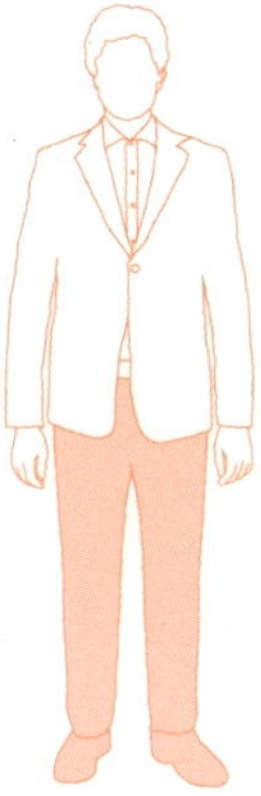

■ 占据（中心）空间（但不要太粗鲁）

■ 位置尽可能高且平坦，身体可以稍稍前倾

■ 有意识地调整脚尖方向（用脚尖对准自己的关注点）

4 练习

（1）测试“皇家入场式”的效果

实际操作：示强

如果选择从后方进入报告厅或会议室，你可以在房间中多走一段距离，最后完成一个转身。这样，你便完成了一个简短版的“皇家入场式”。观察一下其他在场者的反应。

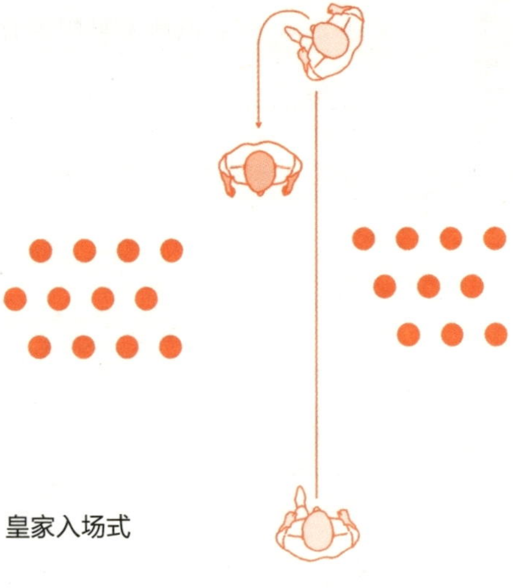

皇家入场式

（2）**抬起下颌，放松肩膀**

站在镜子前，稍微扬起下颌，然后放松肩膀，沉下肩，并将肩膀向后舒展。这件事说起来容易做起来难。最初会遇到点障碍。努力保持这个姿势，直到注意力难以集中，再尝试一步一步地延长保持的时间。

以坚持两分钟为目标。

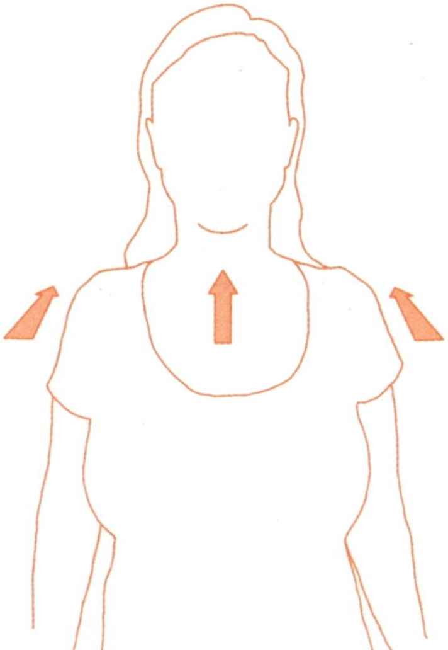

“魔镜魔镜告诉我，
我就是未来的领导者”

（3）凝视

寻找对方的“第三只眼”。从对方的鼻梁向上看，直至鼻梁与两眉间的交叉点。第三只眼就在这里。

（4）眉毛挑起！

对着镜子找到挑眉最合适的高度，同时能保证额头不会出现太多恼人的皱纹，练习快速挑眉的动作，重复这个动作直到熟练为止。

（5）找准位置

如果要占据主导地位，你应该站在下图中的哪个位置？

（答案与建议见第182页）

（6）谁是“老大”？

下图中暗示了谁的身份地位最高？请选出。（答案与建议见第182页）

人群中的地位差异

5 补充：握手

握手的力度

握手最初在我们的文化中代表联结的意义——表明了两个人积极建立的关系，以及（无声）协议（和平、友谊或交易）的达成。握手曾经是一件很特别的事情，但现在已经成为一种表示礼貌的机械性动作。当然，如果有人拒绝这种惯例性的示好就另当别论了。有人会出于宗教原因拒绝握手，有人则出于健康原因（如担心感染流感）拒绝握手。

许多人喜欢用握手来彰显或巩固自己的地位，也许是因为见面握手已经成为一种惯例。握手甚至还会化为一种暗斗，奥巴马和内塔尼亚胡在一次国家领导人见面会上就演绎了一次，令人印象深刻。一定要在网上看一下相关视频，你会看到令人难忘且十分尴尬的场面。而后，你就可以理解为什么我们通常建议要平等地握手。

奥巴马与内塔尼亚胡

如果你有充分的理由必须使用带有攻击性的“问好”方式，则应注意以下几点：占主导地位的一方——我们将其形象地比喻为“压迫者”，他会试图决定双方的手在哪里相遇。“压迫者”通常只会“扔”给你一个僵硬的小臂、（略微）向下翻的手掌，手伸得很短，从而确定了双方握手的位置。此为所谓的“僵臂压迫”（stiff arm thrust）。

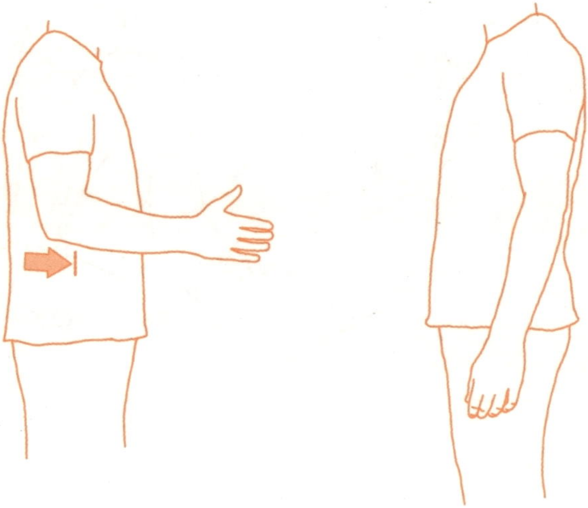

僵臂压迫

出于礼节，你很难直接将他的手拽到两人中间，或者重新设定握手点。这种情况可以分两步应对：第一步，从容地将左腿向前迈一步（最好稍稍偏左一点），同时顺势抓住他硬塞给你的手；第二步，右脚跟上，收在稍前于左脚的位置，同时身体向左侧转——在这个过程中，你的手会自然转动，盖住“压迫者”的手。

翻盘

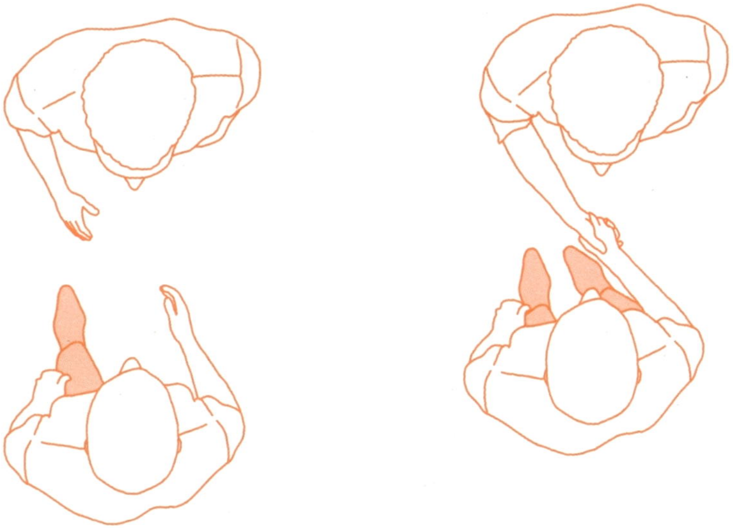

直面“压迫者”

在反击那些试图压你一头的“压迫者”的同时，你还可以：

- 将你的拇指压住对方的手；
- 轻轻将对方的手向下压；
- 将你的另一只手盖在对方伸出的手上；
- 将你的另一只手压在对方前臂上；
- 将你的另一只手压在对方后臂上；
- 争取晚于对方松手。

握手时可能用到的手势

第4章

赢得信任，获取平等

巴登-符腾堡州的可爱小城阿伦市，其市政厅建筑上方，“阿伦间谍”（Aalener Spionle）的雕像日复一日饶有意趣地望着大家。

阿伦间谍曾在战争中将阿伦人从帝王的军队手中解救出来。那时，敌人的守卫拦住这名正在侦察的间谍，然而他抬起头，摘下自己的帽子，然后温和有礼地看着敌人说：“先生们，向你们问好。我是阿伦的间谍，我想看看你们拥有什么样的武器装备。”守卫放了这位天真的间谍，而他也得以完成任务……

1 基本信息

在第1章，我们学习了如何运用肢体语言来加强自己的气场。现在，你可以练习如何在面对他人时“降低身段”，甚至获得更低的等级地位。

在生活中大多数情况下，我们都力求平等，理想的信任感可以建立卓有成效且轻松的关系。在咖啡厅、做运动或攀岩时常常容易达到平等信任，因为在这些场所我们没有扮演任何社会角色，而社会角色有时会干扰和谐的互动。在职场，管理层自然而然地被视为上级，因而被隐含地认为是“有威力的”。通常一个销售人员接受过良好的培训，非常熟悉自己的专业领域，也会被如此看待。

平等

信任

在这种情况下，下属或顾客的潜意识会阻碍信任关系的建立，如果顾客感觉自己处于从属或劣势状况时，买卖就很难做成。这种状况很难凭几句“请相信我！”“我的眼睛难道会说谎吗？”“这是市面上最好的汽车！”就能消除，但我们可以通过简单的肢体语言技巧来缓解。

2 关联肢体动作

头部

眼神交流、凝视“眼心”**

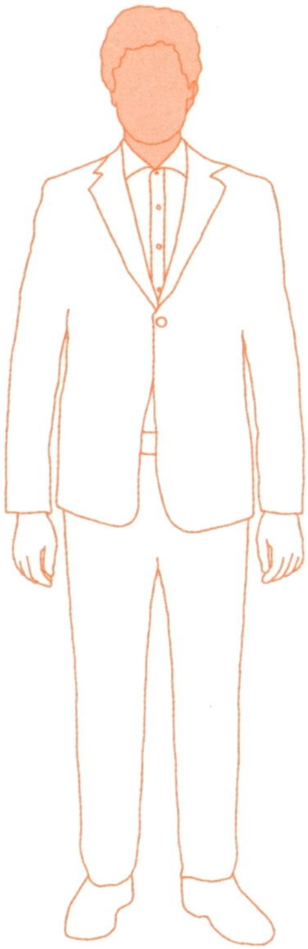

我们的眼神可以承载积极或消极情绪的力量。也许你还记得自己上一次的热恋，还记得恋人回望你时愉悦缠绵的眼神；或者记得曾经有一次被人盯得很不自在，当时你四下疑惑地寻找那种目光来自何处。同大多数人一样，你能直接感觉到某人用何种目光在看着你。因此，如果你想建立信任关系，就请让自己的眼神传递积极的光芒。

把同事或客户想象为一个与你有平等和信

任关系的人，而不再是同事或客户，比如是你最近一次爱上的人（如果这段恋情没有以争吵散场的话）。

利用凝视的力量

你可以不时凝视对方鼻子靠上三分之一处，即“眼心”，作用与“第三只眼”完全相反，凝视“眼心”可以进一步增强积极目光的传递效果。无论如何也不要将目光降得太低，否则会给对方造成困扰。目光高度大概在对方眼睛以下1厘米就足够了。男性在跟女性面对面坐的时候应当格外注意这一点。否则，很容易给人留下在偷瞄女性领口的错误印象。

直视“眼心”可以建立信任。而当我们目光继续向下方打量时，就会传递一种对他人本身感兴趣的信息（多出于性的目的）——这可能是石器时代遗留的产物。那时人们穿着比较裸露，向下打量可以快速评估自己是否有交配兴趣。

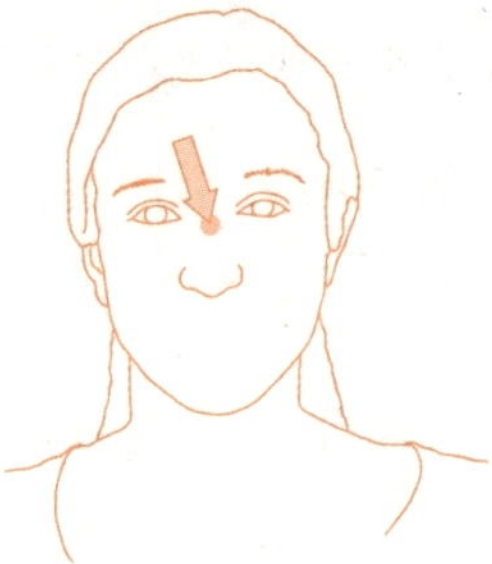

“眼心”

歪头*

露出脖子？

歪头，显示我们处于较脆弱的位置。通过看《动物世界》或玛丽莲·梦露就可以知道这一点。狗会躺在地上向后仰头，以向对方示弱。而梦露女士（以及其他女性）歪头、露出脖子被认为是非常经典的女性调情信号。因为它通常会触发他人的优越感和（或）施予保护的本能。这个信号如今对男性也适用 。

笑容**

笑的力量

俗话说“笑，使人变美丽”，笑还会激活对话对象的模仿神经机制。两人见面就互相微笑——许多人几乎是不由自主地模仿微笑，同时自己也被调动起了积极的情绪。你可以自己尝试一下微笑的效果：可以遵循第28页的“补充”内容，选择一天每小时都微笑2分钟——即使没有什么原因微笑，甚至需要定闹钟来提醒自己也无所谓。尝试之后你会感觉很好，根据调查结果，你的工作甚至还会变得更高效。有相关实验支撑这一结论。

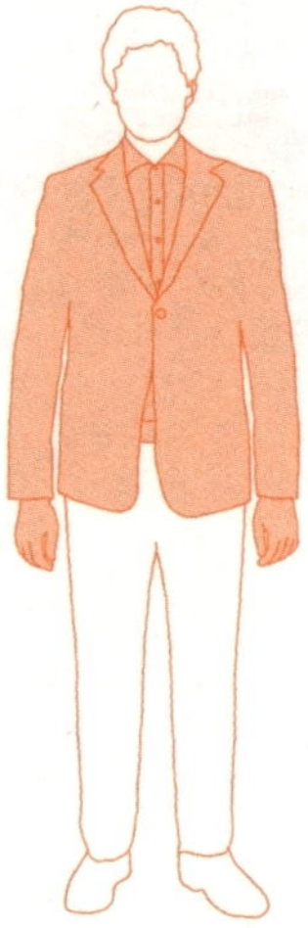

躯干和上身

躯干和手臂

信任圈**

“信任圈”和“主导圈”截然相反：你需要在靠近他人的一侧将手向上抬，从自己身体一侧收回到起始点。

我们要牢记，在“抬举”他人时，总是保持开放的姿态（摊开手掌、露出手腕）。除了开放的姿态，这样的“信任圈”还体现了一定的示弱性，显然又加强了建立信任的效果。

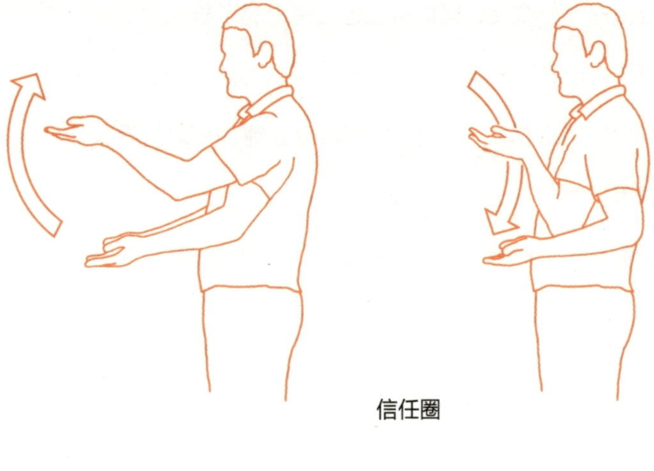

信任圈

模仿***

有效的模仿

相同的手势可以在人与人之间建立信任基础，就像年轻人、运动员或军人之间长长的问候手势一样。

模仿他人的手势可以轻而易举、从无到有地建立信任基础。模仿的时候要表现得自然，让他人意识不到你在模仿。如果能做到这点，那就成功了。

为了避免你的小心思被暴露，弄巧成拙，最好在做动作时稍有延迟。此外，建议模仿积极的手势。比如，谈话对象正用食指指指点点或紧握拳头，对此最好不要模仿。

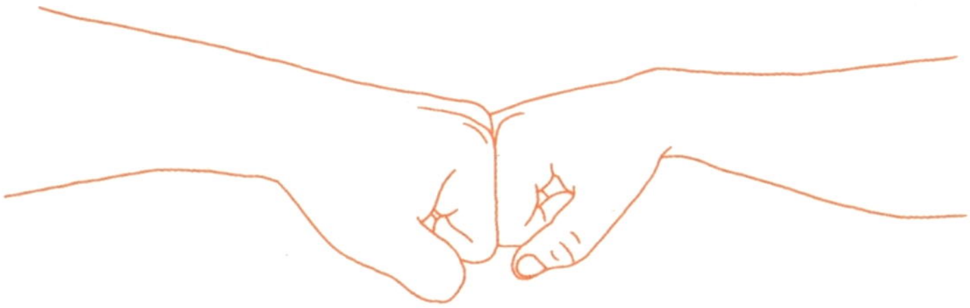

年轻人做出的“碰拳”

肢体接触*

要温柔

在许多文化中，身体接触是绝对禁止的，不同地区存在很大的文化差异。而在不同文化中普遍都可以接受的触摸方式，是用两根手指抵住对方的后臂外侧。如果使用正确的技巧，这种接触势必会给对方带来更好的感觉，交谈也会相应变得更加愉快。有相关证据显示，对自己身体轻柔地触碰也可以达到同样的效果——当然，仅限于合时宜的动作。比如，如果你轻抚自己的脸颊，对方也会感到一点心情上的舒适。这对互相了解、相互信任有积极的影响。

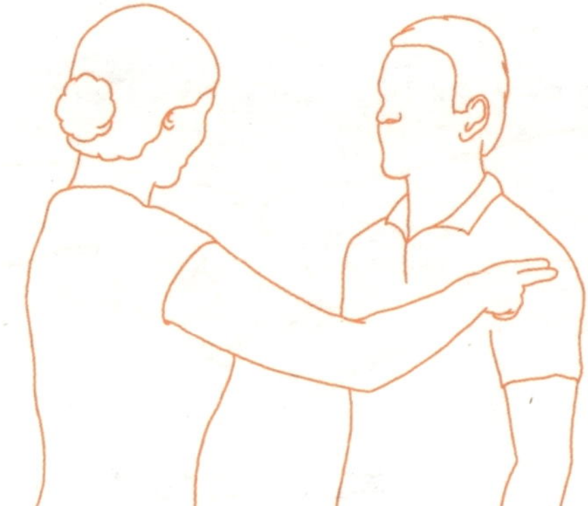

两根手指的肢体接触

下身

处于更低的位置*

在许多场所都可能存在客观上相对略高和略低的位置。一个最简单的例子：一组成员坐在大楼前的台阶上。或者你迁就个子更小的人，为了可以与他平视，故意站到台阶下面。在教室或办公室，常常会有学生或雇员坐在桌前而你站立的情况，这时你可以简单地试着蹲下。然后，你就可以注意到，他人会感觉更加平等，更少畏惧；80%的人会马上放松地后仰或歪头，和你保持平视。请试一试。

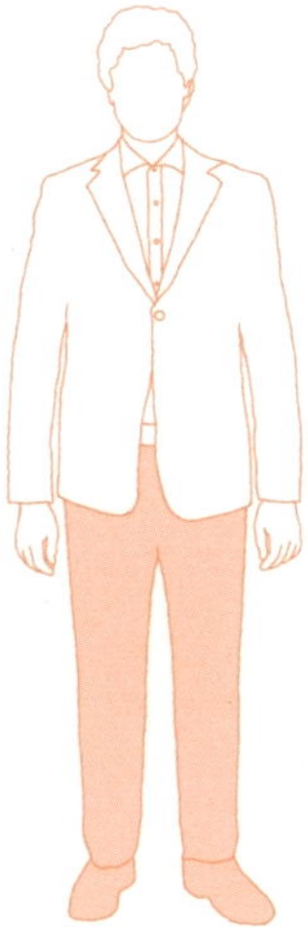

自降身段

亲近度***

请保持距离

除了上面提到的建立信任的基础方式之外，还有一个更复杂的空间关系，叫作“对话距离”（Gesprächsabstand）或“亲近度”（Proximity），即谈话双方物理空间的接近程度或距离，其在每一个文化中都有不同的基准点。在清晰的等级结构中（即，双方地位存在很大差异时），人们通常距离较远。更确切地说，是双方倾向于待在舒适区间内，所以站得越远越好。相反，两个人的地位越接近，双方的距离就会缩得越小，在舒适区间内，倾向于离得越近越好。这时，对隐私的需求明显降低了。

现在最重要的一点来了：在不厌烦他人的情况下尽可能地贴近身体距离，可以有意识地降低人们对隐私的保护需求，影响潜在的等级关系。如果你尽可能地靠近可接受的最小距离，就可以建立信任关系，调整你的等级状态。

试探对话距离

为了选定谈话对象所需要的最小必要对话距离（参考圆形线），不打破对方的个人空间，你应该好好估算或简单尝试一下。大胆接近对方，直到发现对方开始表现出封闭（比如交叉双臂）或意欲后退为止。记住这种情况发生在何种距离，然后保持这个适宜的距离。

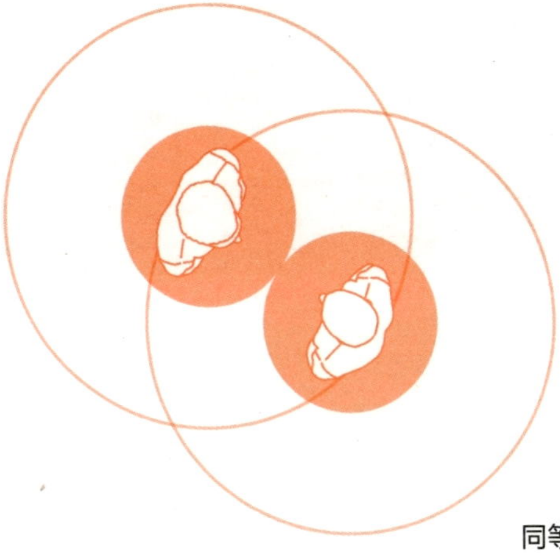

同等级双方的个人空间

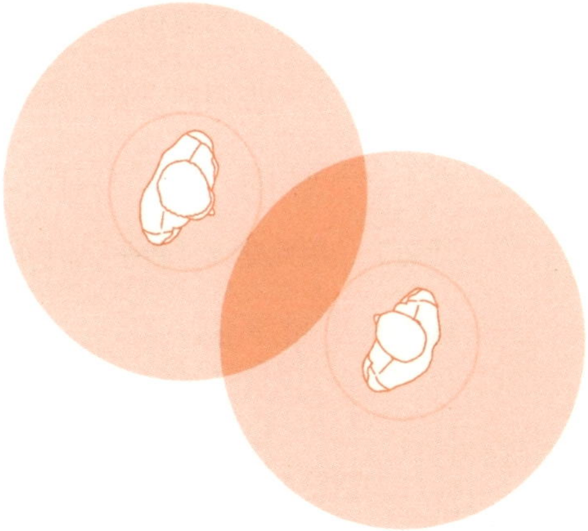

等级差异大的个人空间

3 补充：国际上不同的“亲近度”标准

文化特色

对话距离也是肢体语言在跨文化交流时差异最大的问题之一。比如，在美国，外国人如果有意识地增大自己的对话距离，当地人则会感激不尽；而德国人在商务场合一般会选择60~80厘米的对话距离（基本是恒定的），同时使用眼神交流作为兴趣和信任的标志；北美人对话时相距约30厘米时，中断眼神交流的频率是前者的两倍。为了使对方不会感觉到被“盯死”。每种文化都有自己形成的合理对话距离，因此建议“新手”们可以参考以下所列数据，以避免不必要的紧张。

对话距离：

- 北欧：60~70厘米

■ 南欧：50~60厘米

■ 北美：80~90 厘米

■ 印度：50~60厘米，根据地位等级，差异会有不成比例的增长

■ 中国：70~80厘米，根据地位等级，差异会有不成比例的增长

4 快速回顾——一网打尽

■ 直视对方眼睛或鼻梁靠上三分之一处（“眼心”）

■ 微微歪头

■ 微笑（想一些美好的事情，如彼得 · 潘[1]或吉尔赛 · 邦辰[2]）

---

① 彼得·潘，苏格兰作家詹姆斯·巴里的文学作品《彼得·潘：不会长大的男孩》中的主人公。他不愿长大，也永远不会长大，是一个非常可爱的小男孩，象征着永无尽止的游乐、永恒童年和永不衰老。

② 吉尔赛 · 邦辰，1980年7月出生，巴西女超模、演员，2015年以年收入4400万美元位列《福布斯》“全球最赚钱超模”榜单第一名。此处，作者要表述的意思是，一想起她在喜剧电影《出租车女王》（又译《的士飙花》）中饰演的“最佳电影坏蛋”（美女劫匪）形象和情节，就不由人不露出微笑。

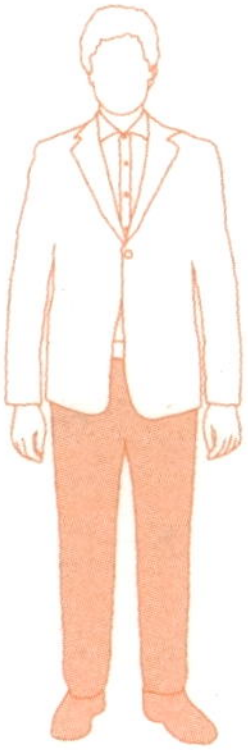

■ 信任圈：指尖朝向对方向上举起（尽可能摊开手、露出手腕），然后从靠近身体一侧收回手

■ 稍微延迟地模仿他人的肢体语言

■ 温柔地触摸（自己的脸，或用两根手指接触对方的后臂）

■ 寻找场所中较低的位置，或者蹲下、坐下（在教室可以单膝跪下）

■ 保持开放的姿态，不要交叉双臂或双腿

■ 亲近度：寻找合适的距离，留够个人空间

5 练习

（1）尝试不经意的模仿

实践：建立信任，获取平等

对谈话对象镜像模仿的关键是适宜的程度和合适的时机（应略延迟于对方）。你可以借助以下训练学习这两个关键点。下面的3组（1~3）练习中，每一组包含3个动作。对每组动作观察3秒，间隔1分钟；接着在观察下一组动作的同时，模仿上一组中的一个动作。重复这个过程。

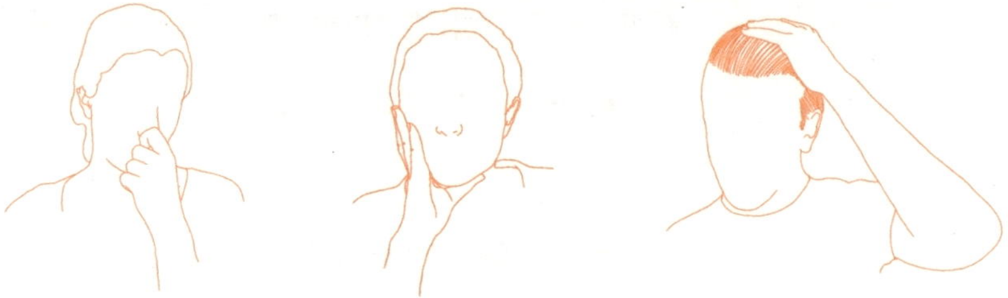

模仿动作组1

模仿动作组2

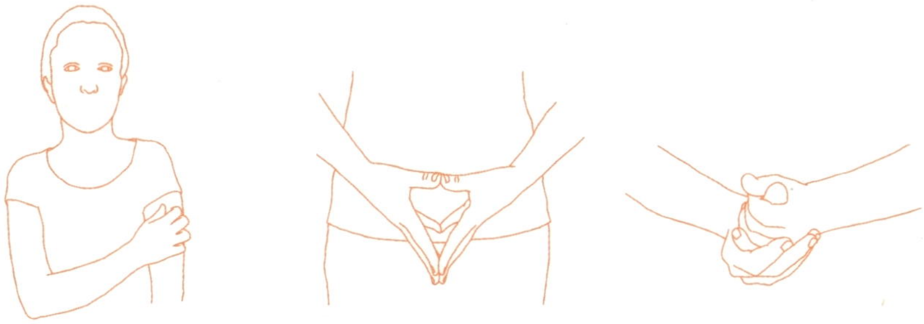

模仿动作组3

(2) 进入公共场合

完成此练习后，你可以在公共场合检验一下自己的学习成果。最好是选择在餐厅或咖啡厅里——这样，即使你模仿得过于刻意，也不会有后顾之忧。

■ 选准三位目标对象，依次模仿他们的动作。

■ 现在专注于一位对象，想一想他的哪个手势也可以适用于你自己。延迟地模仿他的动作。

■ 尝试在模仿时灵活变通他人的动作。比如，若他人伸出一根食指，你可以再加上一根拇指（可以削弱该手势负面而强势的观感），或者简单地将他人向上指的三角手势，调整为向下指的手势。

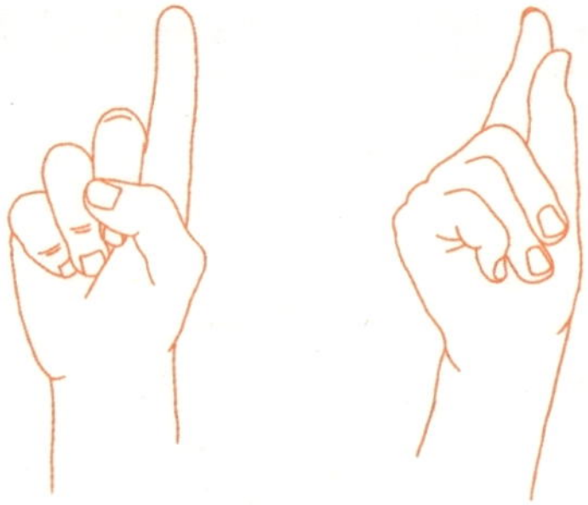

变通地模仿

（3）哪两个人拥有平等地位？

观察插图中的场景，借用术语解释一下你为何会得出这样的结论。

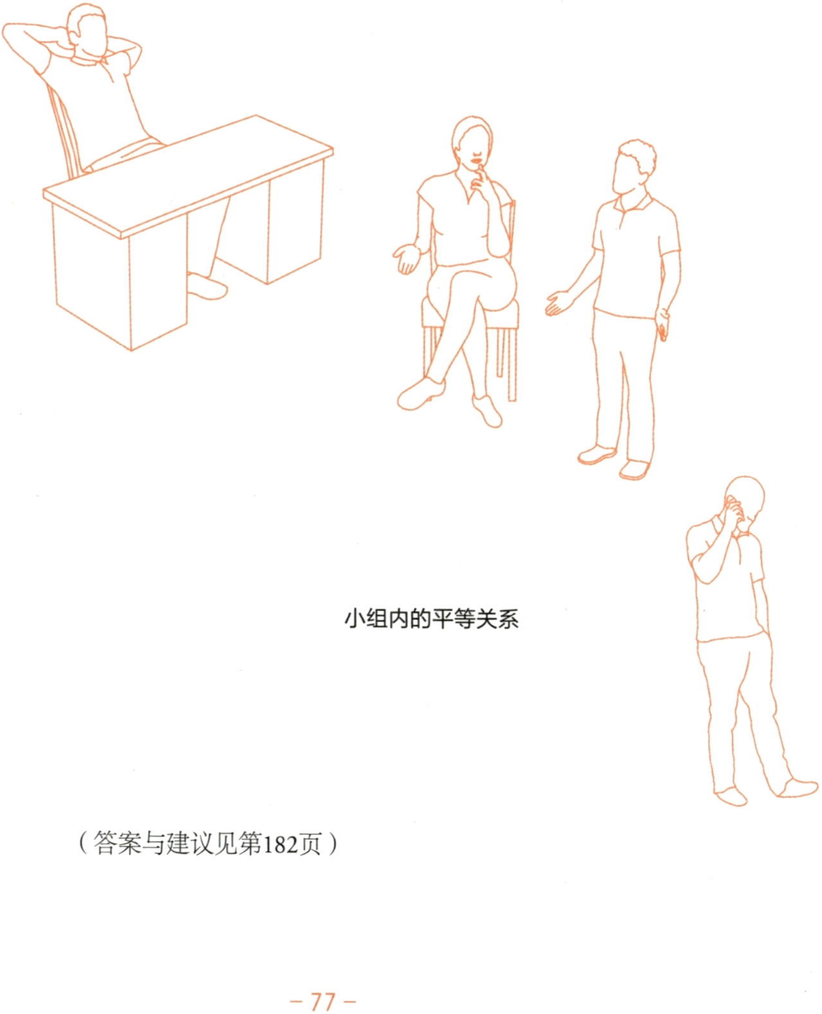

小组内的平等关系

（答案与建议见第182页）

（4）探索边界

在如下不同的场景中，练习探索与谈话对象的最小对话距离。

- 对方有求于你时
- 遇到比你地位更高的人时
- 与同性对象交谈时
- 与异性对象交谈时

当你找到了最小的“亲近度”后，试着将其想象为一条虚构的警戒线，在后续的互动过程中，在不越界的情况下尽可能靠近这条线。

第5章

激励

Y型激励

在一堂哲学课上，一位教授带领学生讨论如何将人进行分类：比如从企业经济学的角度，人可以分为“阿尔法型”（Alpha）和“欧米伽型”（Omega）两类；从生物学角度，人可以分为“XX”和“XY”两类；从宗教学的角度，人可以分为信仰罗马天主教和信仰新教两类。该教授饶有兴趣地听完所有同学的想法，但与大多数表现不积极的同学难以展开互动。为此，他给出了自己的分类：在他看来，人仅分为“A型”和“Y型”两类。他还表示，下一周他只希望那些可以解释自己为何属于“Y型”的同学来上课。第二周，同学们在课堂上的积极性很高，大家或富有创造力地，或抽象地，或充满哲思地解释了自己为什么是“Y型”人。该教授宣布自己的实验成功，对同学们表示感谢，而后才解释了他所谓的“Y型”的用意：他希望未来可以像那天一样，只给那些热情高涨、举起手臂的上进学生上课。接着他举起了手臂，在场的所有人随即纷纷效仿。（教授的分类角度：积极型与消极型）

1 基本信息

模仿　正如上面小故事中展现的那样，运用肢体语言进行激励，不仅要把自己调动起来，更重要的是把他人也调动起来——无论是精神上还是肢体上，都调动起来摆出“Y型”姿态。激励的法宝就是“模仿”。换句话说，如果我们正确地运用了肢体语言，对方就会感受到我们的热情，从而被我们的动作所感染。这种模仿（往往是暗示性的）是激励他人过程中最重要的一步。

团结　爱好运动的读者大概观察过，在重要比赛的加时赛之前教练是如何同队员们交流的，也许你已经熟悉了以下这个例子——若是不熟悉，下次可以注意观察。大多数情况下，队员们围成的圈会随着教练的手势有节奏地前后移动——可能只是轻微地移动，但队员们已在不经意间被教练的激励所牵动。或者，队员们会有一个最终的集体仪式来释放自己，比如每个人都抱在一起，一边像猴子一样发出叫声一边晃动，最后大家散开走到各自位置，去争取最终的胜利。这种富有仪式感的集体动作很常见，而人们通常都没有意识到，这就是一种激励仪式。

哪种肢体语言能有效感染他人模仿或“随动”？这就是最核心的问题。大量课程和训练均表明，我们可以将常见的动机心理模型转化为肢体语言。

《饥饿游戏》中的“致意”

人浪

ARCS 模型[1]和AIDA法则[2]

教育心理学的ARCS模型和传统推销模式中的AIDA法则为我们提供了极佳的出发点，可以帮助自己找到激励他人的方式。如果遵循这两个模型（法则），概括来讲，肢体语言表达就能起到如下效果：

- 可以引起一定的注意，但又不太惹眼；
- 有表现力，有活力；
- 有关联性，同当下人物和情境相符；
- 因其重复性而易被模仿，可带来满足感，也提供了一种人与人之间互动的方式。

---

❶ ARCS 模型，是美国佛罗里达大学教授约翰·M. 科勒(John M.Keller) 于 1987 年提出的一个激发与维持学生学习动机的模型。ARCS，是英文单词 Attention（注意）、Revelence（关联）、Confidence（信心）、Satisfaction（满意）首字母的组合。

❷ AIDA 法则，是国际推销专家海英兹 · 戈德曼总结出的一个营销公式，给出了传统推销过程中的四个步骤。AIDA，是英文单词 Attention（注意）、Interest（兴趣）、Desire（欲望）、Action（行动）首字母的组合。

在下面的段落中有相应的关联肢体动作，其将注意力、动态性、关联性和满足感等元素有机地结合在一起。

因人而异

最好的激励方式因人而异，需要根据个人特质和所处环境调整肢体语言表达。简单地说，牧师激励他人的手段与足球教练不同，与教师或经理人也甚异，每个人都需要不同的表达方式，以取得最终良好的效果。如果你已成功地带动对方模仿你的动作，请记住给出积极反馈。比如给对方一个真诚的微笑。怎么样？（详见第28页）

2 关联肢体动作

头部

点头**

寻求认同

点头是一种积极（表示认同）的表达，但在大多数有关肢体语言的出版物中几乎被忽略了。经本人调查发现，如果听众会不时点头，那么演讲者对自己演讲效果的正面评价几乎会翻倍。相对的，当演讲者也不时地点头，最好是一次点两下，听众就会更加专注，更受到鼓舞。就是这么简单。

如果你想根据前文所提及的理论延伸这个动作，可以开发一套你独有的、富有个人特色的点头方式。你可以向上微微倾斜着点头。这样看起来“与众不同”且令人“耳目一新”，可以让听众更容易被吸引，有利于调动听众的积极性。这种点头方式不会过于标新立异，也不会引起他人反感。

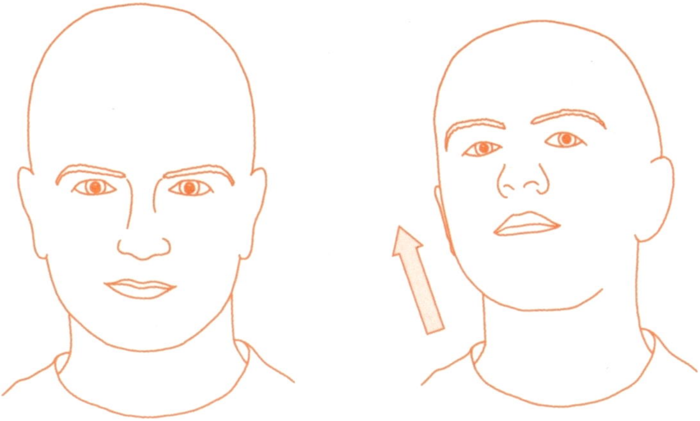

富有个人特色的点头

眨眼***

睁一眼，闭一眼

想实现调动他人积极性的目的（如有需要，也可适用于其他目的），还可以使用经典的眨眼。这招永不过时，尤其在面对一群人时效果显著。原因很简单：相较于两人间的对话，眨眼很少会用于群体对话，因而自然会吸引更多人的注意力。

尝试一下，至少有一部分听众会在短时间内聚精会神或向你点头回应。你还可以稍加修饰，增强这个动作的效果。实践证明，将两根手指搭在太阳穴处是个不错的选择。

面向群体眨眼

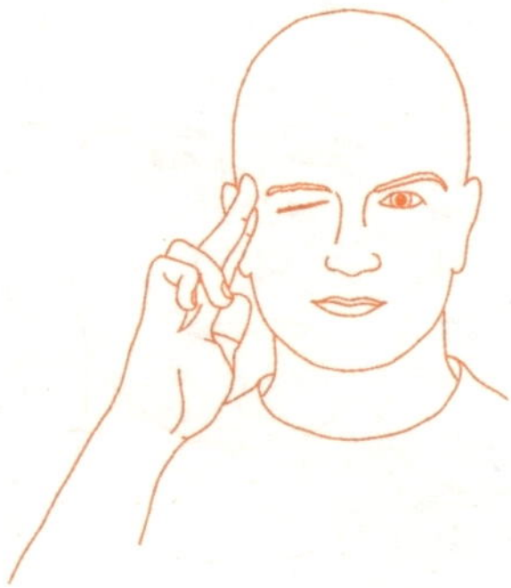

眨眼：变更

情绪变换***

快速变换情绪是最具有感染力的肢体表达。比如，你可以微笑，然后神情突然严肃，然后再微笑。你的谈话对象会自动调整表情，用微笑来填补由你的情绪波动带来的影响。

是晴还是雨?

躯干和上肢

简短地搓手*

搓手是一种相当有效的手段，可用来表达对成功的期盼。搓手应简短而利落，最好再结合微笑或其他有感染力、充满信心的表情。这在各种情境下都能很好地鼓舞他人。但要注意把握好尺度，如果做得太频繁，或者不利落、无意识地搓手，则会被人认为是紧张的信号。

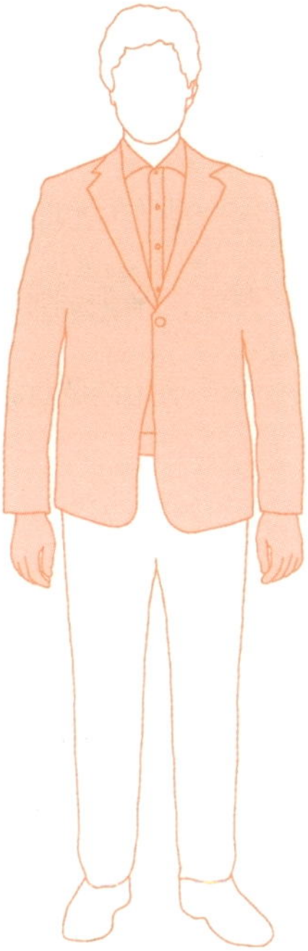

鼓舞他人的搓手

握拳**

团结的标志

紧握拳头是表达活力和力量的肢体语言符号。同时，这个动作也包含了攻击性。为此，应当向身体两侧或向下握拳，来削弱或避免攻击性。这样一来，握拳这个手势就变成了团结的标志。

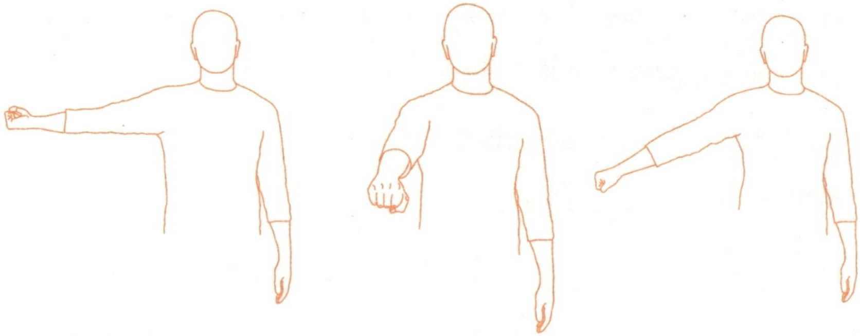

激励他人的握拳

女性的握拳会让人感觉更舒服，因为她们用大拇指盖住其余四指，从而使握拳的手势被弱化，看起来不会过于强硬。

现根据经验，推荐一个握拳方式的变体，即握紧双拳并交叉放在胸前。

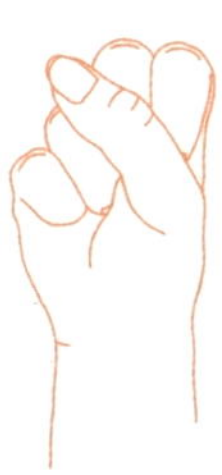

女式握拳

变体：双拳交叉

招牌动作****

贝克式或克洛普式

“招牌动作”（Signature Move）是一个独立的动作，也是一种极佳的激励手段，因为其在动作执行者与激励行为之间建立了直接的联系。在自我激励的动作上，职业网球选手的“贝克拳”一直大受追捧，而著名的“克洛普式”常被用来鼓舞整支球队。第100页的练习（4）可以启发你找到自己的“招牌动作”。

下身

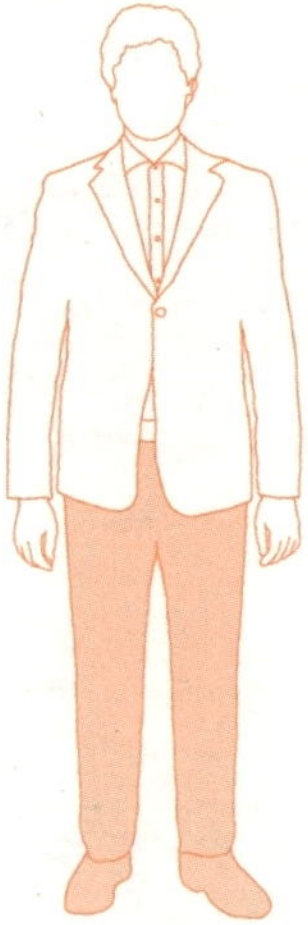

动起来!

向上或向下**

下身可以塑造出极富活力的动作，跪下或轻微踮脚都能带来很好的效果。

向前及向后**

在物理距离上靠近你选定的对象，做出一个他人可模仿的动作。在这种情况下，你可以短暂越过对方的个人边界，并进入其舒适区。你可以在接近他和远离他的两个过程中都不动声色地做动作。在学习第4章后，你应该已经了解对方的个人边界在哪里了。

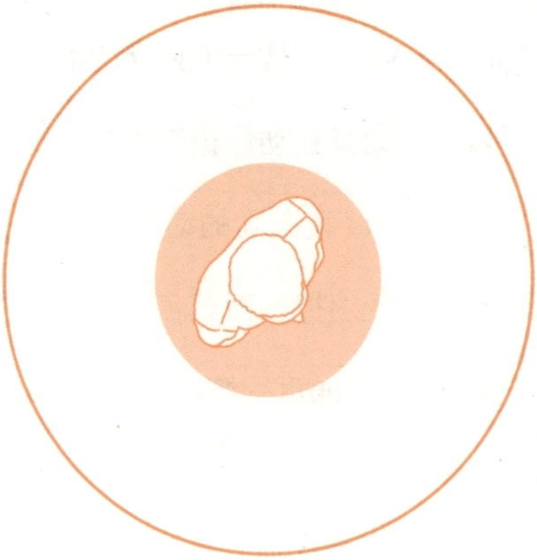

舒适圈

假意向前**

还有一个方式比前后移动更有效果，即假意向前：你可以轻轻地抬起一只脚，再慢慢地落回原地，不再向前迈步。

3 快速回顾——一网打尽

- 轻轻点头（尽可能变化形式）
- 亲切地眨眼
- 变换情绪

- 快速搓手
- 用没有攻击性的握拳动作表示团结
- 找到自己的招牌动作

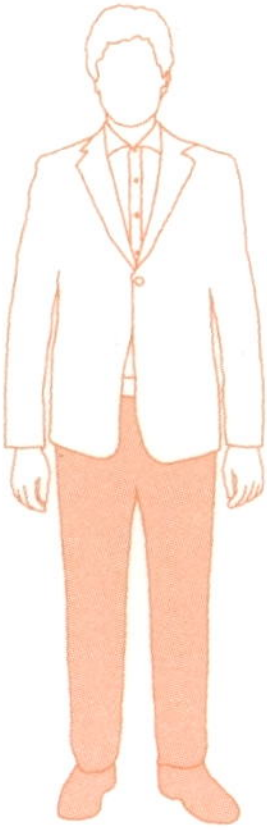

- 向上或向下
- 向前及向后
- 假意向前，虚晃一枪

重要提示：注意根据个人风格调整，重复练习以上关联肢体动作！

4 练习

（1）对他人点头

实践：激励

试着对以下人群鼓励式地点头：

- 一个陌生人
- 一群陌生人

你察觉到了哪些不同？你能重复点头动作多少次，而不引起他人送上疑惑的眼神？用自己的风格重复这个点头练习，探索自己的点头方式。

（2）**点头并微笑**

现在，尝试结合微笑改进自己的点头动作。

- 在低头时微笑
- 在抬头时微笑

（3）**搓手**

对着镜子，尝试用不同时长搓手。你认为何种时长最适宜鼓舞他人？

- 半秒
- 一秒
- 两秒
- 三秒

- 四秒及以上

（答案与建议可见第183页）

（4）找到“招牌动作”

这个练习可以启发你找到自己用于激励的“招牌动作”。先思考一下所激励的人群最适合哪种动作。注意考虑其动态性、接受度（首先要合理）和风格性（可以体现个人风格）。接下来，思考适合以下人物的分别是自己的哪种招牌：

- 一位摇滚明星或一位音乐教师
- 一位职业足球运动员或一位青少年足球教练
- 一位总理候选人或一位处长
- 一位出版社社长或一位书商
- 教皇或牧师
- 一位自由斗士或一位电影人
- 你自己

第6章

演讲

据说，英国前首相温斯顿·丘吉尔（Winston Churchill）曾在他的花园和浴缸里，对着自家的狗“希特勒”（Hitler）和“戈培尔”（Goebbels）练习演讲。当管家闻声赶来浴室询问他有何需要时，只见他浑身泡沫，十分气恼。他没有任何需要，只希望自己可以不被打扰，因为他即将向英国下议院发表重要演讲……

1 基本信息

焦虑与紧张

丘吉尔提前排练演讲：一方面缘其行事周密的心性；另一方面，这样做是有益的，因为这也是消除（多是无来由的）恐惧心理的一种方法。不要忘了，有统计数据显示，人们对进行公开演讲的恐惧甚至超过死亡。丘吉尔的这则轶事可以概括成：演讲还是毁灭？这成了一个问题。好吧，虽然我们应该预设人们面对演讲其实并不是宁死不屈，但这种巨大的抵触心理从何而来？我的研究组员们给出了如下频次由高到低的回答：

- 感觉自己被暴露
- 演讲是个过于陌生的情境
- 担心失败

暴露感，可以理解为人在此时不设防，处于全然开放的状态，而肢体语言会对你大有帮助。虽然不是每个人都可以摇身一变成为有效控制场面的人，但即便只是一些小技巧，也可以让你在原本缺乏安全感的情况下显得充满自信，游刃有余。即，肢体语言可以帮助你将因“暴露感”产生的恐惧化为机遇。

下面针对关联肢体动作的练习还可以助你应对陌生的情境，掌握之后可以带来安全感，并让自己感觉准备得十分充分。为了简单起见，我们称它为“丘吉尔原则”。至于对“失败”的恐惧，你需要记住，演讲通常不存在以惨败告终的情形；但要想保证大获成功，需要抱有自信、健康、良好的心态去迎接挑战。

自感

你也想拥有这样的自信和好心态吗？为此，我们为你总结了不同形式的自我介绍，帮助你找到适合自己的肢体语言工具。它们能帮助你更积极地面对演讲，将负面情绪转化为正面情绪，用成竹在胸替代惶恐不安。配合关联肢体动作的讲解和练习，一定可以让你的下一次演讲更具气场。我们这个时代最伟大的演讲者之一说得好：“是的，我们可以。”

先沉下心来，找到你的平衡点，单脚站立，短暂地闭上双眼。在一群人面前也可以做这个动作，只不过此时不必将脚完全抬起，轻抬缓解一下即可。这样做不会被人察觉。大多数人尝试做完这个小动作，都可以变得冷静而专注。

在极端的情况下，则需要采取一些更有力的措施，才能顺利无忧地迎接即将到来的演讲。我们的很多学员都借用了影视作品中的积极自我暗示方法，像拳击手洛奇·巴尔博亚[1]（Rocky Balboa）一样，暗暗握紧拳头，对自己说“没有痛苦，就没有收获”，以此来鼓动自己：出拳吧！

再温和一点的方法则是，回想一段愉悦的经历，抑或想象自己是哈佛大学知名教授（或诺贝尔奖得主）。你不相信这样有用吗？在我们的实验中，那些将自己置于积极情绪的被试者在完成任务时，比那些把自己想象为低保户的被试者成绩明显优异30%。

演讲前请采取开放、乐观的姿势。立正站直，放轻松，打开双臂。如果你不知道手应该放在哪里，可以在镜子前尝试不同的姿势，每个姿势保持3分钟（这一步很重要）。同时可以遵循第3章的相应指导。因为你在演讲过程中处于主导地位，所以在演讲时“示强”是完全正确的。

---

[1] 洛奇·巴尔博亚，美国于1976年11月上映的电影《洛奇》中的主人公（由著名影星史泰龙扮演）。

2 检验清单

万事俱备?

☐ 你是否已经准备好了自己的演讲材料，是否在手边可随时取用？你应该提前检查演示文稿、演示图例、手持卡片和讲义。请记住：从肢体语言的角度来看，手持卡片不应比自己的手掌大。

☐ 你的内心是否平静？是否有成功的期盼？

☐ 你是否有次要目标？除了取得演讲本身的成功之外，你还想通过演讲达到什么目的（比如连带的销售，抑或打动上级、同事或下属）？你在演讲过程中，可以做些什么来接近这个目标？

☐ 你预见到观众可能提出什么问题了吗？

3 关联肢体动作

头部

放松的微笑*

曾经有人建议，演讲时可以想象观众都没有穿衣服，由此来消除恐惧心理，调整出温和的情绪。而这个思维游戏放到如今似乎有些“政治不正确”，所以推荐你在脑海中设想观众们都穿着有趣的卡通服。这样，你也能感到放松，露出真实自然的微笑。你对着听众微笑，而听众也会在某个时刻回你以微笑。可能需要耐心等待，所以不要沮丧，也不要过早地感到挫败。

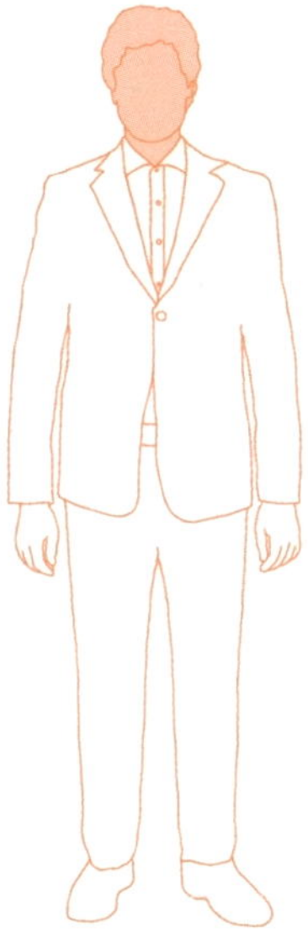

奇装异服的听众

你的观众：米老鼠和海绵宝宝

直接进行目光交流*

目光专注

在演讲过程中，直接与观众进行目光交流总是好的。然而，与一大群观众一一进行目光对视显然不现实，所以最好选择3~4个分布在房间合适位置的人，在演讲的过程中，保持与他们进行简短目光交流。

观众席重点位置的参考点

如果你觉得与他人进行直接的目光交流比较困难，可以选择几个最有眼缘的人，或请求朋友和熟人分散着坐在观众席中。这里要注意遵循一个古老的剧院原则：大厅越大，你的视线应越高。所以，如果你在大教室或市政厅进行演讲，应该将熟人主要安排在观众席的后方，或者时不时抬头扫一下观众席的上方，都有良效。

许多演讲者都会在演讲时犯同一个错误，那就是转头看自己的演示文稿，或者更老派一点的，看自己的板书图例。此时，其与听众的互动毫无疑问地被切断了，随后不得不重新建立互动关系。无论如何，你都应该避免这种情况。但是，若投影屏幕在你的肩膀上方，用手去指一下也无可厚非。

目光所及的方向

面部表情**

“挤眉弄眼的人不可信赖。”这是我曾在一本上了年头的《美国商界指南》里读到的，也是一个不证自明的真理。但人们常陷入另一个极端，变成扑克脸。这种情况也

喜

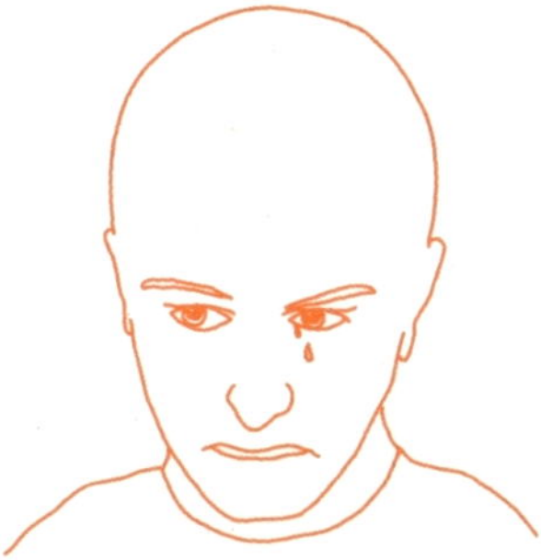

悲

怒

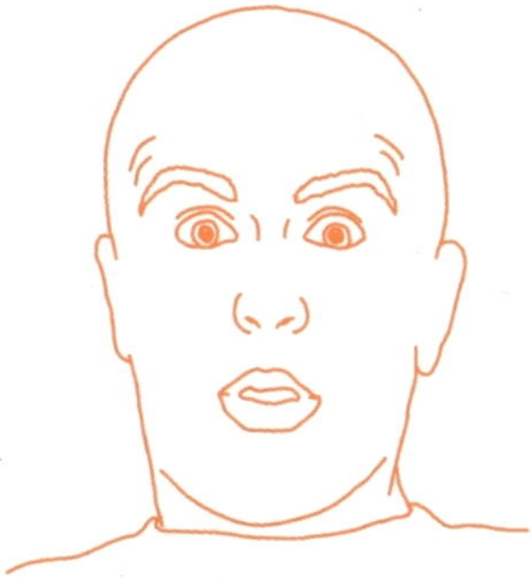

惊

可以简单地说："面无表情的人无人理会。"演讲中的动情之处需要动情，这是金科玉律。

中心情绪（即埃克曼[1]所谓的"基础情绪"）的表达始终处于核心地位，以至于无论在何种文化中，它们的表达形式几乎都是相同的。具体表现形式有喜、悲、怒（需谨慎使用）和惊。埃克曼也提到了厌恶和恐惧两种表情，但其往往过于消极。在实现相应的肢体语言表达时请小心，喜、悲、怒的表情是没有时间限制的，然而惊讶的表情最多停留半秒。

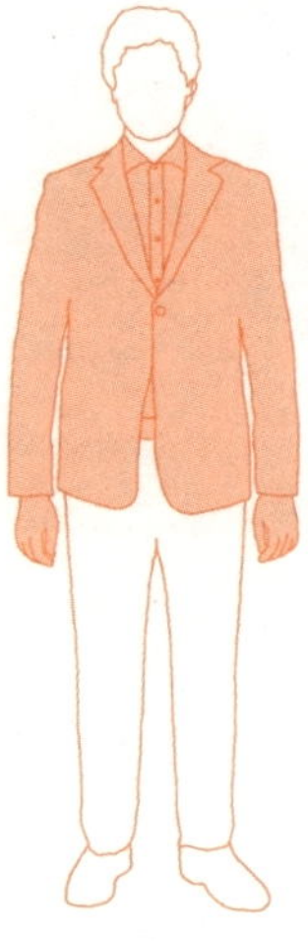
开放性和热切感

躯干和上肢

摊开手掌的基础站姿**

在演讲时，演讲者的手的位置非常影响听众的观感。

---

[1] 埃克曼（1934—），美国心理学家，主要研究情绪的表达及其生理活动、人际欺骗等，被美国心理学会列为二十世纪百位最有影响力的心理学家之一。

有实验表明，即使是相同内容的演讲，配上不同的肢体语言，也会收获截然不同的反馈。在测试中，如果演讲者有意识地将手掌朝向观众，得到的“积极”或“较积极”的反馈高达80%。相反，如果演讲者采取封闭式的身体姿态，得到的积极评价则只有50%。直白地说，演讲者的开放性和热切感有时比演讲内容更加重要。但也要注意，为了避免你亮出手掌时被别人误认作恶搞耶稣的造型，我们向你推荐以下几个基础手势：

男领导

教师

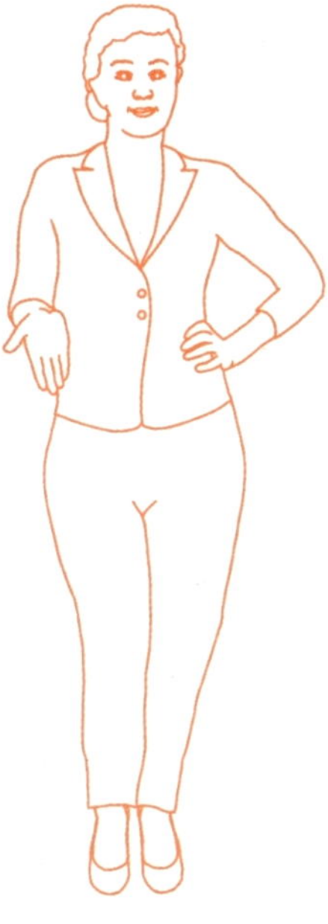

女领导

4 补充：入神笔

恢复连接

若你注意到有个别听众眼神开始游离时，可以试试下面这个方法。拿起手中的铅笔，做一个横扫的动作（通常来讲，向上移动是最有效果的），然后将笔移到你和这位听众的视线正中间。这时，他会自动跟随着笔的轨迹，看着你的眼睛。他被你吸引了，与你的演讲进行互动也顺理成章地恢复了。

在一个局促的环境里，比如在做产品推销时，你可以将这个小花招调整为触觉版本：向你的推介对象手里递点东西（如小册子、图片等）。这是一个经验法则：只要你的谈话对象手里还拿着那个东西且不放下，他的注意力就不会断。给实现这一步的推介者一个小提示：请注意观察对方放下东西后的状态。如果他的手没有大的移动，那么你很可能已经把准了脉。

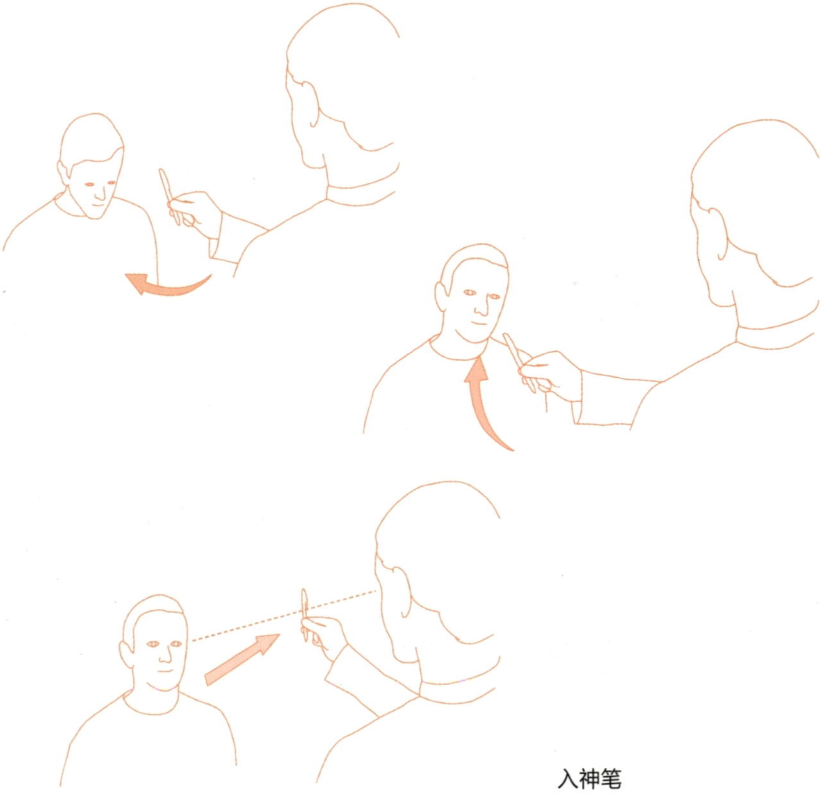

入神笔

将自己“框定在电视屏幕中” **

电视窗口

电视媒体已经让我们习惯了对人的上半身尤为关注。因此，你的重要手势应该在一个所谓的“电视窗口”中完成，即从头顶稍高的地方开始，一直到胸部以下的位置——像近景特写一样。这是我们看新闻报道、采访或脱口秀节目时很熟悉的画面位置。

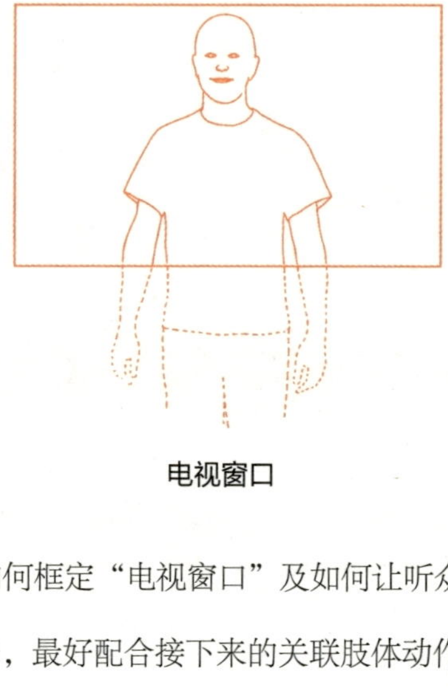

电视窗口

有关如何框定“电视窗口”及如何让听众目光聚焦在你的上半身，最好配合接下来的关联肢体动作使用。首先用手框定窗口的一部分边界（如第117页图a和图b），然后再将手向面部移动，与观众建立直接的交流（如第117页图c）。这种方式可以称为将自己“框定在电视屏幕中”。

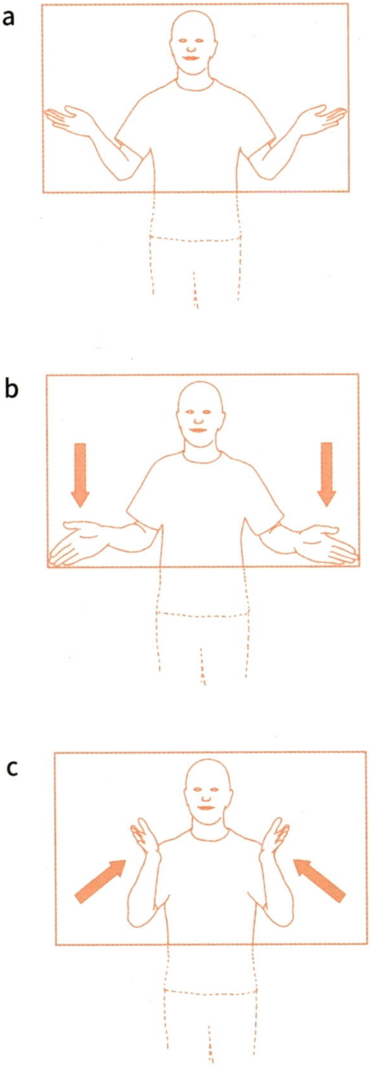

运用电视窗口

你可以用手在窗口内任何位置移动，以将人们的目光聚焦在你的脸上，这组关联肢体动作几乎可以无限制地自由变化。

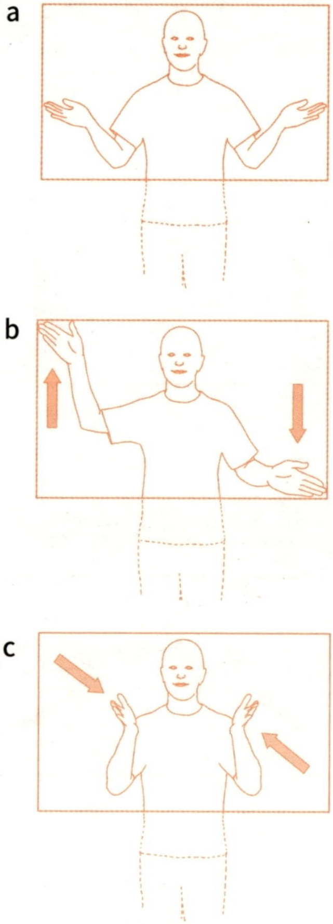

个人手势

有意识的手势 **

第一步，先选择下列其中一组关联肢体动作。哪一个是你会在演讲时使用的？哪一个最贴近你的情绪？做好自己的选择之后，就可以随时扩展你的手势方式，选择不同的运动轨迹或者创造你自己的动作序列。

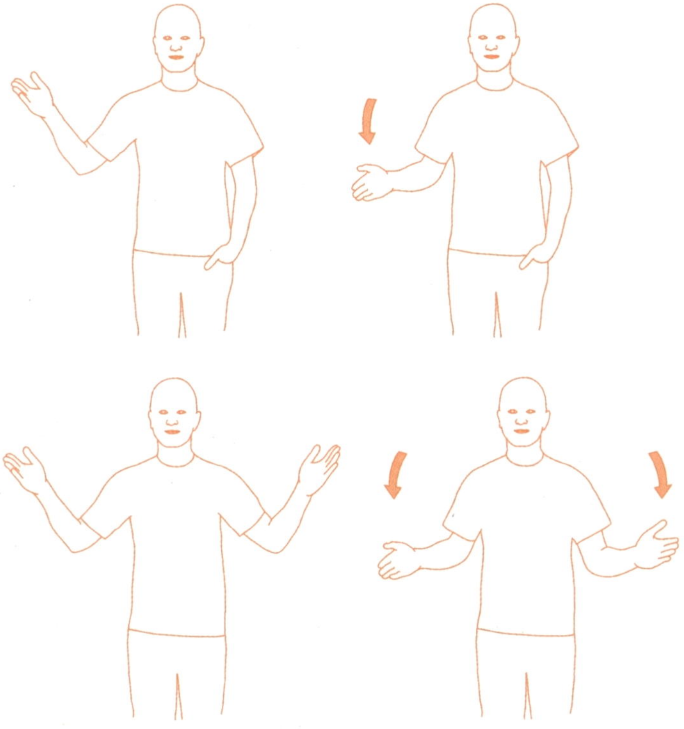

强调——关联肢体动作

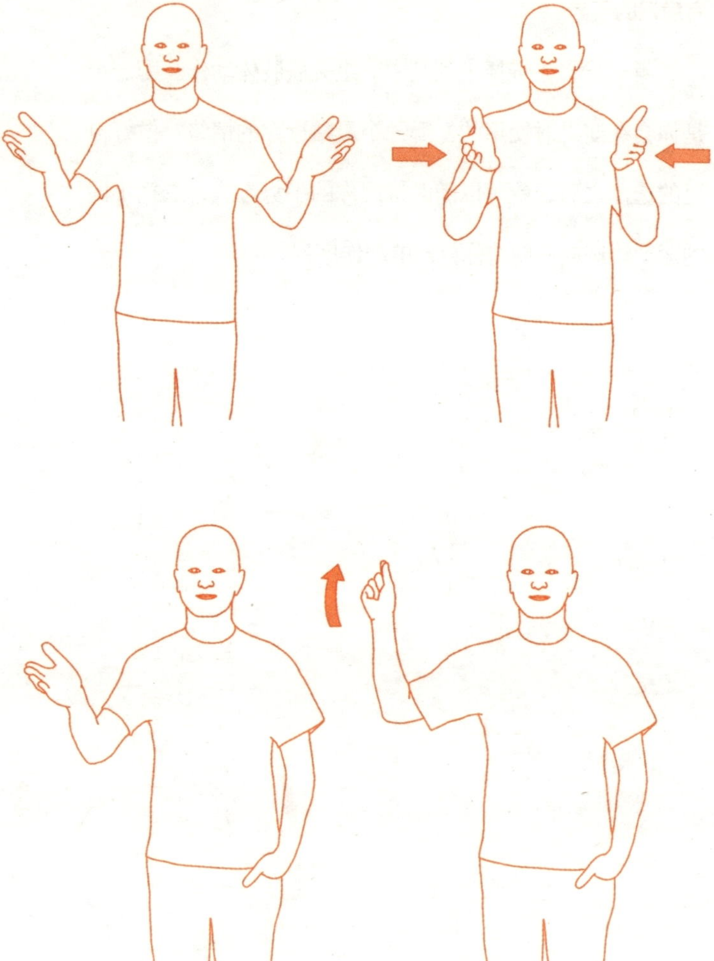

强调——关联肢体动作

所有这些关联肢体动作都是动态的，因为他们强调的是口语中的内容。要让其真正发挥效果，就必须与演讲的具体内容实时地联系在一起，在关键点时强调。所以像下面的演讲例子一样，你需要先把重要的段落挑选出来，做好标记或者加深印象。

“美国人是唯一一个用自己的名字呼唤梦想的国家，从纽约到洛杉矶，有关美国梦的信仰遍地开花。可能从另一个角度想，从洛杉矶到纽约也是跨越了大半个‘世界’。美国自己定义自己的生活目标，每一个美国人都有自己对美国梦的理解——即人人都有追求幸福的权利和希望，都可以追求一个更好、更富有、更愉悦的生活。无论怎样，是的，我再强调一次，无论怎样，无论人们对美好生活的梦想是否能实现，美国梦都是美好的。”

不要忘记，其他演讲者也可能会强调这篇稿子的其他词语，并用前文的关联肢体动作做相应强调。你只需做出自己的选择即可。除了做手势的时机，动作的幅度也起着决定性的作用。经验之谈：所处空间越大，手势幅度也应越大。这种现象在剧院表演中很常见，戏剧演员的动作幅度要比影视演员大得多，影视演员的动作只会在特写镜头里一带而过。

下身

底气十足*

在演讲时，体态上需挺直腰板，讲话要底气十足。要做到这两点，首先要找到全场最受关注的位置，即演讲的中心区域。这个区域通常是在舞台、空地上，或者教室讲台前。

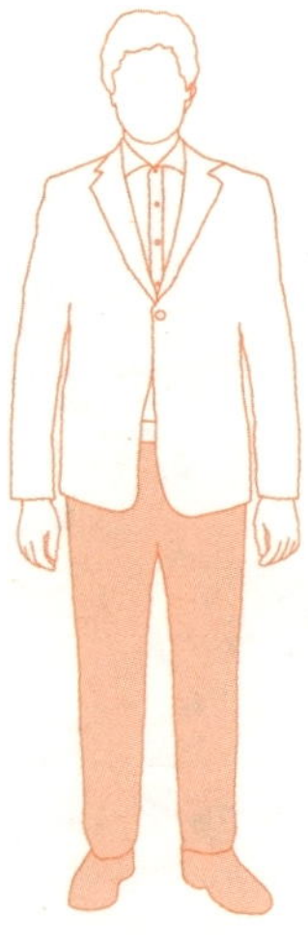

选好位置

最受关注的位置

然后稳健地走向这个位置，你可以使用第3章中的“皇家入场式”漂亮地引出自己的演讲。当你如上图一样走到观众面前站定，就可以开始清晰而缓慢地使用你的强调手势了，不过在演讲过程中不要反复踱步。这样可以避免演讲时最常见的一个陋习，即无缘由地离开自己的基准点，这会带给观众一种“踩电门”或者“心虚”的观感。有时，这个陋习也被称为“笼中虎综合征”。

如果你的这个问题根深蒂固，很难改掉，不妨参考一下我们从一些餐饮业和时尚界借鉴来的小窍门。服务员会头顶托盘练习走路姿势，模特会头顶一本书练习猫步。为了避免你不自觉地踱步，可以在排练演讲时，在脚上放一个东西。可以是一个铅笔袋，也可以是一个钱包之类的。如果排练完通篇稿子，这个物件还在你的脚上，那你就完成任务了。

练习站定不动　模特　服务员　演讲者

无声的关注*

脚尖方向

让你的双脚脚尖指向最重要的听众。根据我们测试的结果显示，被指向的听众会感受到与你更紧密的互动联结（在1~10分的量表上约为1.5分）。同时，你还可以避免另一个在演讲时常犯的错误，即脚尖无意识地指向门外。知悉肢体语言的人都会将此解释为你想逃避的表现。这可不是你想带给他人的印象。

有目的地移动**

运动方向

在练习时，你脚下的每一个动作都可以、也应当对应到某个特定的意图上。肢体动作必须同你所说的具体内容相符，且有所指向。注意，每个运动方向都可以对应一个特定的心理倾向。

若你身体左右移动时，记得要雨露均沾，把善意平分给两边的观众。

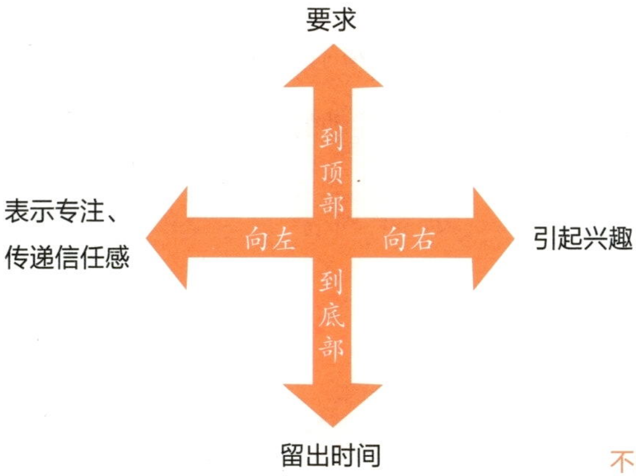

不同方向的含义

小提示：你不必做出真实的位移，假意的迈步也可以达到大致相同的（强调）效果。你可以将脚稍稍抬起，然后缓慢而坚定地落回原地，至多有一点点挪动。

5 快速回顾——一网打尽

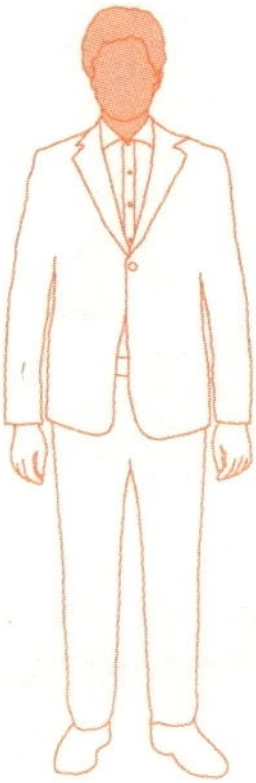

- 放松的微笑
- 直接的目光交流
- 用生动的表情传递情绪

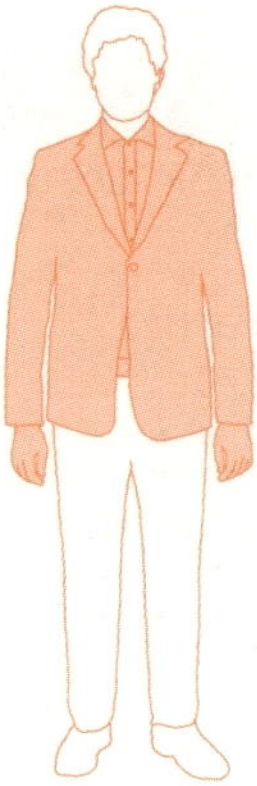

- 开放的姿态
- 将自己“框在电视屏幕中”
- 有意识的手势

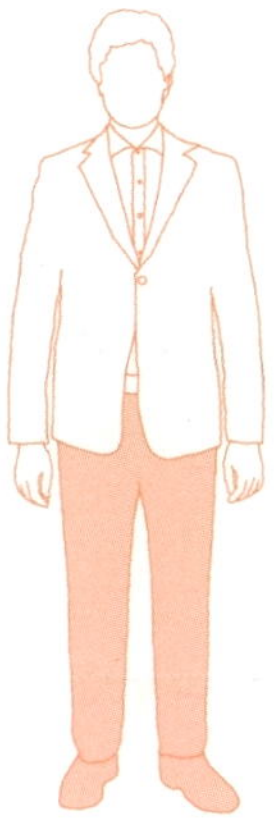

■ 站定不动

■ 将脚尖冲向特定观众，无声地表达关注

■ 根据演讲内容抑或特定意图，有目的地移动

6 练习

（1）调动表情

实践：演讲

试着用表情来表现埃克曼提出的基础情绪（悲、怒、惊、喜），调动你可以触发相应感受的体验经历。

静思一阵，把能描述当时情景的关键词写在下表的右栏中。

情绪	体验经历
悲	
怒	
惊	
喜	

如果你已经掌握了不同的面部表情表达，那么请你阅读下面这段莎士比亚《哈姆雷特》中的经典独白[1]，合理运用所学过的知识。开始阅读前做一些标记会大有益处。

生存还是毁灭，这是一个值得考虑的问题；
默然忍受命运暴虐的毒箭，
或是挺身反抗人世无涯的苦难，
通过斗争把它们扫个干净。

---

[1] 此段独白摘自朱生豪译文。——译者注

这两种行为，哪一种更加高尚?

死了，睡着了，什么都完了；

要是在这一种睡眠之中，

我们心头的创痛，

以及其他无数血肉之躯所不能避免的打击，

都可以从此消失，那正是我们求之不得的结局。

死了，睡着了，睡着了也许还会做梦；

嗯，阻碍就在这儿：

因为当我们摆脱了这一具朽腐的皮囊以后，

在那死的睡眠里，究竟将要做些什么梦，

那不能不使我们踌躇顾虑。

人们甘心久困于患难之中，也就是为了这个缘故；

谁愿意忍受人世的鞭挞和讥嘲、

压迫者的凌辱、傲慢者的冷眼、

被轻蔑的爱情的惨痛、法律的迁延、

官吏的横暴和费尽辛劳所换来的小人的鄙视；

要是他只用一把小小的刀子，

就可以清算他自己的一生?

谁愿意负着这样的重担，
在烦劳的生命的压迫下呻吟流汗；
倘不是因为惧怕不可知的死后，
惧怕那从来不曾有一个旅人回来过的神秘之国；
是它迷惑了我们的意志，使我们宁愿忍受折磨，
不敢向我们所不知道的痛苦飞去？
这样，重重的顾虑使我们全变成了懦夫，
决心的赤热的光彩，被审慎的思维盖上了一层灰色，
伟大的事业在这一种考虑之下，
也会逆流而退，失去了行动的意义。

（2）框出界限

在参与组间谈话时，尝试使用手势框出自己的“电视窗口”，尽可能保持住，不让自己的手放下来。

（3）识别重点

阅读下面马丁·路德·金的演讲[1]，标出你认为需要借助肢体语言来加强语气的段落。

……我仍然有一个梦想。这个梦想深深扎根于美国的梦想中。

我梦想有一天，这个国家会站立起来，真正实现其信条的真谛："我们认为这些真理是不言而喻的——人人生而平等。"

我梦想有一天，在佐治亚的红山上，昔日奴隶的儿子能够和昔日奴隶主的儿子坐在一起，共叙兄弟情谊。

我梦想有一天，甚至连密西西比州这个正义匿迹、压迫成风的地方，也变成自由和正义的绿洲。

我梦想有一天，我的四个孩子将在一个不是以他们的

---

[1] 此演讲文字摘自许立中译文。——译者注

肤色，而是以他们的品格优劣来评价他们的国度里生活。

…………

这就是我们的希望。我怀着这种信念回到南方。有了这个信念，我们能从绝望之山劈出一块希望之石；有了这个信念，我们能把这个国家刺耳争吵的声音，改变为一支洋溢手足之情的优美交响曲。

有了这个信念，我们将能一起工作，一起祈祷，一起奋斗，一起入狱，一起维护自由；因为我们知道，终有一天，我们是自由的。

在自由到来的那一天，上帝的所有儿女们将以新的含义高唱这支歌：“我的祖国，美丽的自由之乡，我为你歌唱。你是父辈逝去的地方，你是最初移民的骄傲，让自由之声响彻每座山冈。”

如果美国要成为一个伟大的国家，这个梦想必须实现。让自由之声从新罕布什尔州的巍峨峰巅响起来！让自由之声从纽约州的崇山峻岭响起来！让自由之声从宾夕法尼亚州阿勒格尼山的顶峰响起来！

（4）固定手势

现在，在每一个句子中试着用手势强调一个或至多两个重点。遵循你自己做的重点标记。

（5）分析新视频

观看一段新的演讲，并尝试用下面的打分表来评价其肢体语言表达的效果。

标准	1至10分	评价
友好且开放		
与观众交流		
面部表情与手势辅助		
可信度和真诚度		
个人临场发挥		
110%的状态（比平时高10%）		

第7章

解读

“你是否感到无聊？”在奥地利皇宫中，考尼茨亲王正百无聊赖地用手撑着头，一位贵族这样问了他。

“不，”考尼茨亲王不耐烦地挤弄了下鼻子，“我从不感到无聊，最多是别人让我感到无聊。”

1 基本信息

可惜我们无从得知，贵族骑士最终是否设法消除了亲王的无聊感。但是若我们把宫廷和骑士的身份及背景设定抹除，会发现这个场景其实经常发生。在职场和私人生活中，我们常常与这样的问题不期而遇——我们的行为引起了他人的“感兴趣”还是“不感兴趣”？在一次谈话中、销售产品时、服务他人或演讲过程中，你是否也思考过“对方有没有全神贯注”？

感兴趣，
还是不感兴趣

“读心术”往往能揭晓答案。我们的谈话对象（包括我们自己）都早已掌握了如何隐藏自己潜在的“不感兴趣”。对方巧妙的伪装、诡谲的肢体语言让我们时常很难看透复杂的真相。很少有人会毫无遮拦地打出一个无聊的哈欠。而且，伪装和真实的区别转瞬即逝，总是难以分辨或破译。

聚焦

这不光对于初学者的你来说很困难，对于极富经验的肢体语言大师也是难题。所以我们请你先将注意力完全集中在第140页起所描述的标志信号动作识别上。这些信号足以显示出他人潜在的不感兴趣，以便你做出后续反应。同时，我们也推荐你从观察某一个人开始训练，且只从其身体部位的三个层次入手。能做到这些已经不容易了。

快门时刻

让你晋级为“读心者”的关键锦囊就是：不要时时刻刻都盯着谈话对象，那样会让你信息过载。相反，应该只在特定的时间点观察对方，我们称其为“快门时刻”。你对谈话产生了情绪波动，“快门时刻”就会出现。也就是说，你来决定何时要观察！这种情绪波动可以被肢体语言本能触发，抑或被语言触发。使用语言是个较易上手的尝试。

下面是一个可以触发谈话对象或听众标志性肢体语言的关于情绪波动的具体做法：你可以停顿片刻，然后说：“如果你对这个问题感兴趣，我可以简单阐述一下。”现在你已经把球打到了对方场上，有足够的时间去观察他的反应，看看自己能从对方身上观察到哪些行为。

2 标志信号动作

头部

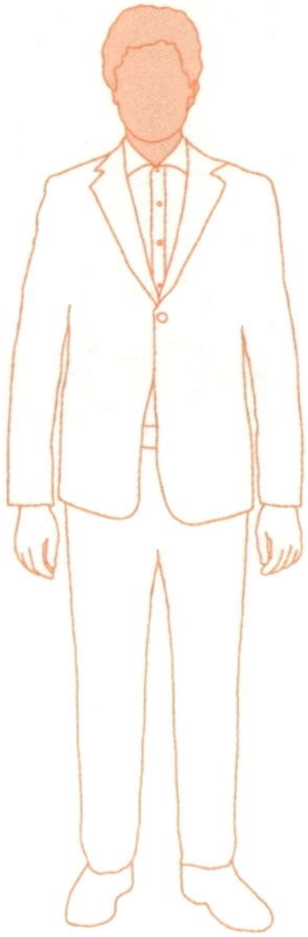

切断目光交流或“揉眼睛”

切断眼神交流大概是最为明显的“不感兴趣”的表现，所以成熟的听众很少会直接做出这种动作。如果并非极度反感，人们一般会控制扭头或低头的倾向，并用其他动作来替代这些过于明显的动作。你的谈话对象可能会用手挡住自己的两只眼睛（或一只眼睛）几秒钟，然后巧妙地装作在揉眼睛。

除了揉眼睛，掩饰无聊还有经典的一招，即摸脸颊。但是这类肢体语言必须结合语境分析。在一个浪漫的约会中，摸脸颊更像是调情的信

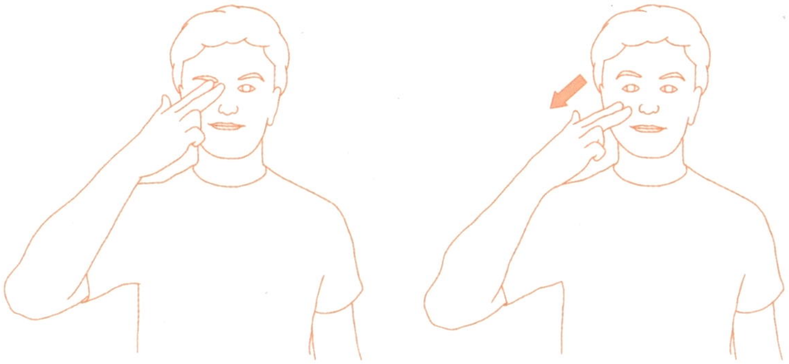

揉眼睛

号。在演讲过程中或在正式会谈中存在一个大致的规律：一个人越是不感兴趣、越是疲惫，摸脸颊的动作就离太阳穴越远。如果你想准确无误地读懂对方的肢体语言，还必须考虑到他的基准线（见第12页）。当然，最主要的信号一定就是触摸脸颊了。

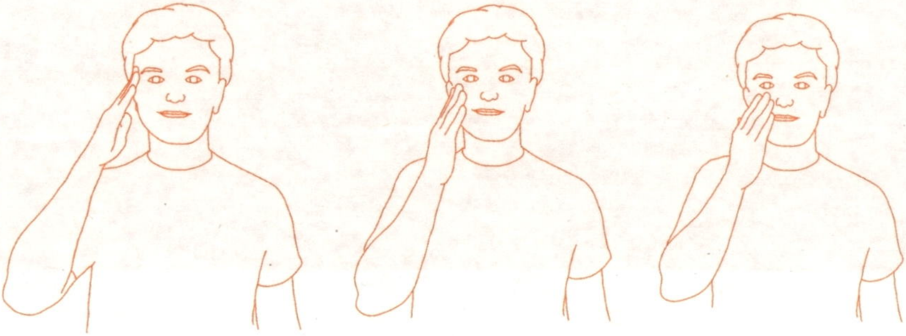

标志信号，触摸脸颊动作

撑着头

是百无聊赖，
还是感兴趣？

感到百无聊赖的人往往会把头枕在手或大拇指上。在观察的时候，你需要注意对方是否真的把自身重量压在了手或手指上，即其是不是静态的“支撑点”。这一点是最关键的。你可以思考一下，把对方的手推到一边，他的头是不受影响还是会随即倾倒？如果是后者，则确实是不感兴趣的表现。如果是前者，这个姿势则解读为感兴趣的表现会更加准确，尤其是当对方食指朝上的时候。无论他的手是放在脸颊还是太阳穴处都适用。

感兴趣

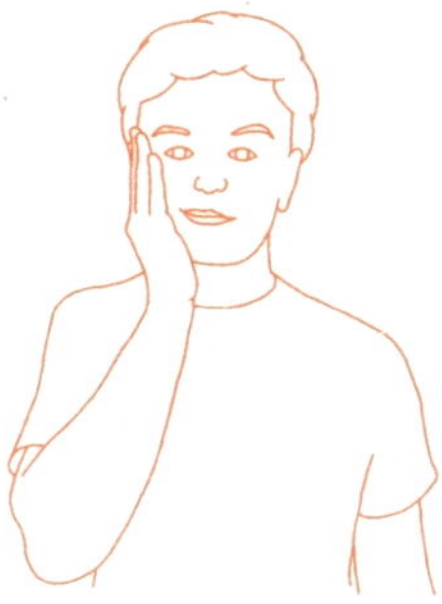

不感兴趣

假笑

揭穿假笑

是否假笑，可以依据眼睛是否在笑来判断。不过，一些修炼多年的“假笑高手”也可以伪装出笑的眼睛。因此根据我们的经验总结出了一个较好的判断方法，那就是假笑会相对更快消失。如果一个微笑突然无缘无故地“消失”了，那几乎就是装出来的。你可以注视微笑的对方一会儿，直到他认为你看见他在微笑，他的假笑已经达到了目的，你就转身朝别处半秒钟，再转回来。转回来时，你的头要比身体转得慢一些。在这半秒钟之内，如果他的微笑转瞬即逝，那很可能就不是真心的笑容；如果他的嘴唇过分抿紧，也很可能不是真实的笑容。

躯干和上肢

抵触

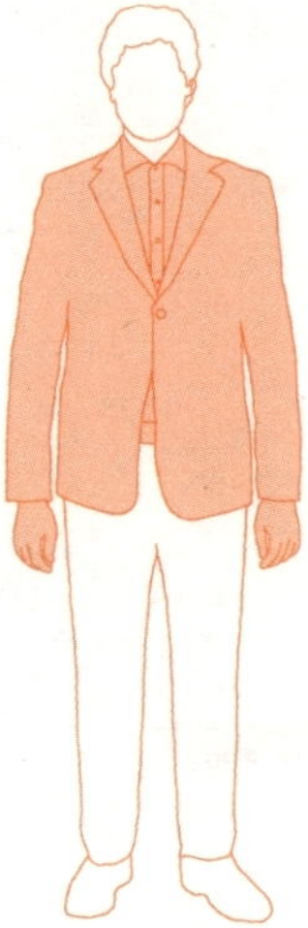

抵触的身体距离

在身体的中段部位也会有“不感兴趣”的蛛丝马迹，人会无意识地表现出抵触，产生距离感。这种迹象不计其数，相互交织：从绷紧的手，到交叉的手指，再到交叉的双臂，形成了一道壁垒。

抵触

有一个关键点，请你注意对方手和手臂的相对关系，即上肢的动作。如果对方的手是完全放松或“跷起了拇指”，那么即使他双臂交叉，也不能判定为失去兴致。

不抵触！

“安抚者”

自我轻抚

第二类动作会体现烦躁和不适，因而也隐含着不感兴趣的情绪。这类动作便是自我轻抚，很多人都会通过轻抚自己以平静下来或控制情绪。自我轻抚的动作包括搓手、抓挠或揉搓（如摘掉多余的毛发、擦拭自认为存在的污渍等）。

3 补充：手指游戏

手指都代表了什么

自我轻抚相对明确地对应着不感兴趣，然而有两个例外。其一，我们可以假定五个手指对应着我们自我存在与生活的五个维度。对肢体语言运用的方法，同正骨疗法或中国传统针灸疗法中的思想有异曲同工之妙。事实上，情绪饱满、内心敏感的人拨弄无名指的频率会远远高于其他手指。因此，“感觉指”（无名指）可能并不适合戴婚戒。其二，缺乏安全感、渴求社会认可的人往往会倾向于拨弄自己的“社交指”（小指）。

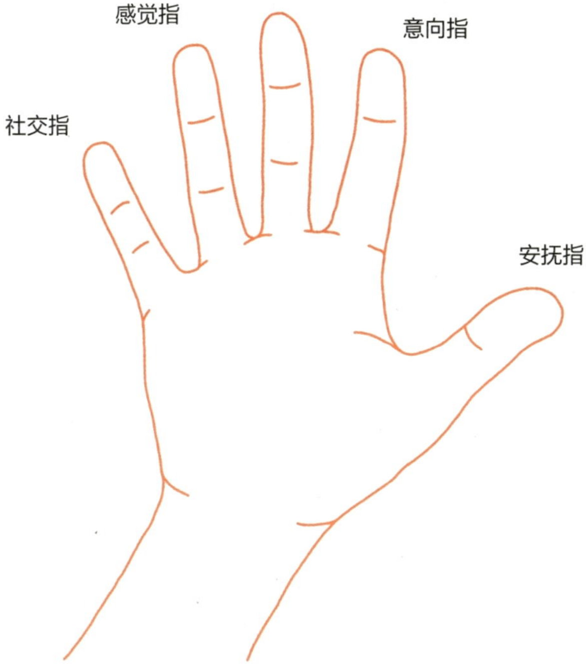

手指及其对应的情绪点

紧握

站直

另一种抵触的形式是紧握衣物或其他物品。当一个人试图更好地控制自己时，会做出挺直站立或紧握的动作，这是一种比较强硬的应对方式。既然不能离开，有人会选择逼迫自己面对，摆出“职业感”。与此同时，可以避免做出其他表现不感兴趣的举动（有时候也可以用于掩饰其他不良情绪）。

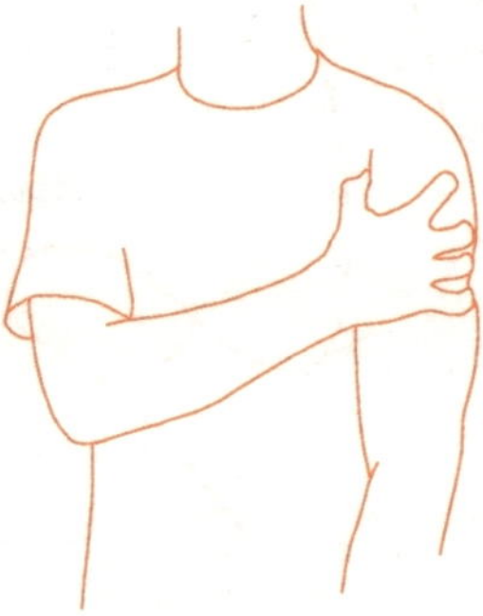

紧握1

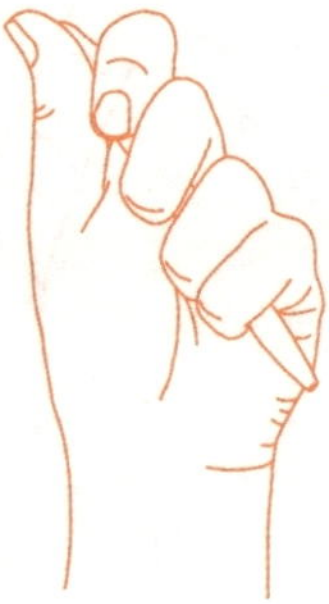

紧握2

在站立的时候很难有东西可抓。在一些极端情况下（如在招待会上发言时），有人会摆出“拉链坏了”（Broken Zipper）的姿势，同时做出双腿交叉的动作。

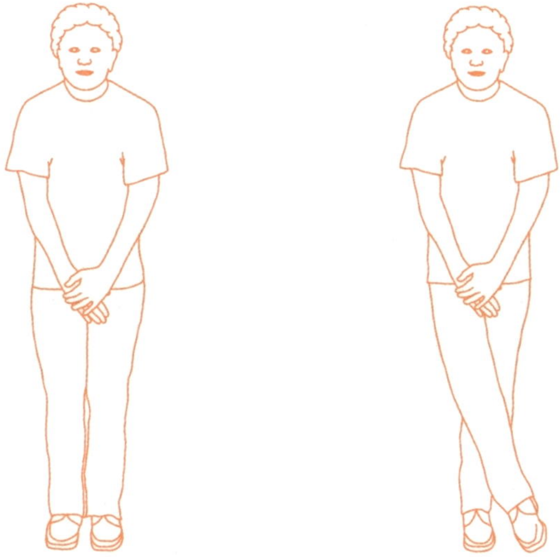

“拉链坏了”的姿势

4 补充：公然挑衅抑或无心之举？

辩证地运用知识

人们说“无知是福”，这话不无道理。知识不仅能带来机遇，也会带来风险。比如，我在研究肢体语言时“抓住”了两个朋友在撒谎，可能抓错了，也可能抓对了，但此举让我失去了两个朋友。所以，解读他人的心可以为自己的生活剔除错误的人，也会对他人产生误解，做出草率的举动。这无疑是有风险的。

特别是在解读他人是否不感兴趣这个课题上，当我的学生察觉出了他人不感兴趣时，也发现这些人身上出现了可察觉到的攻击性。他们会觉得自己被无视、被挑衅了。有一个很好的方法可以让你保持清醒，可以确保“审查”出对方是否真的在挑衅你。那就是在所谓的挑衅之后，他们有没有下意识地看你一眼，等待你的反应。只有包含了这个动作，他人才是在有意地挑衅，因为他们会期待你做出反应。

下半身

逃离姿势

下半身的动作也非常重要，但时常被忽略——不仅被观察者忽略，也被伪装者忽略。当你的听众善于伪装，佯装感兴趣时（比如你在该社交圈有绝对的权威），请你向桌下瞟一眼，一定收获颇丰。善于伪装的人常常是“上半身说‘是’，下半身说‘否’”。当对方因不感兴趣而做出掩盖举动时，若想识别其中的破

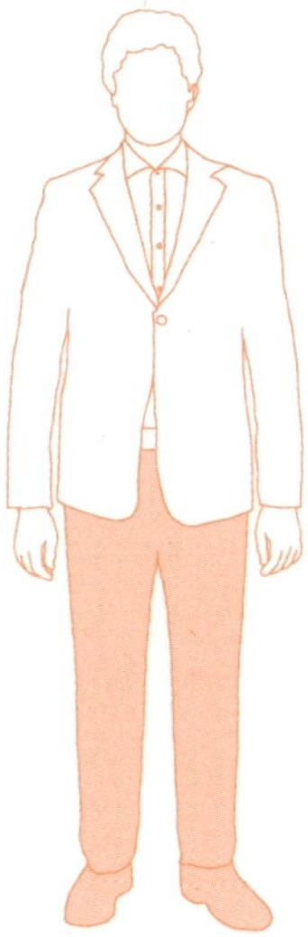

更想逃跑？

绽，请注意对方做出的以下两类逃离姿势：

- 脚尖对着门的方向；
- 脚收缩得距离说话人，也就是你，非常远。

逃离姿势：脚的位置1

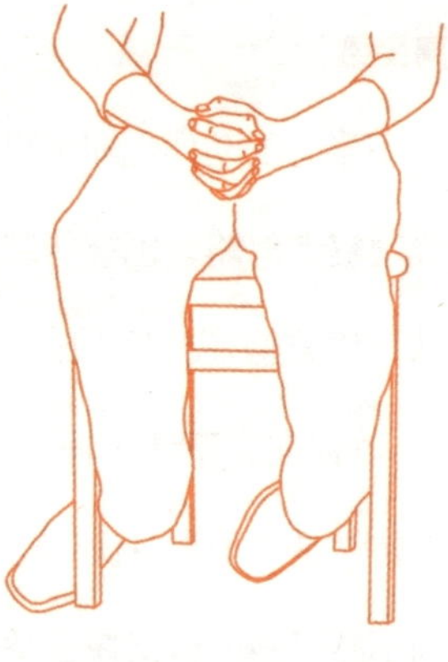

逃离姿势：脚的位置2

跷二郎腿

这种姿势是抵触动作的延伸版本，上半身手臂交叉，下半身腿部也交叉。看到这种动作就可一锤定音了。光是跷二郎腿不能说明什么问题，但跷二郎腿加上双臂回缩或交叉，就可以表明听众对所听内容内心抵触，不感兴趣。

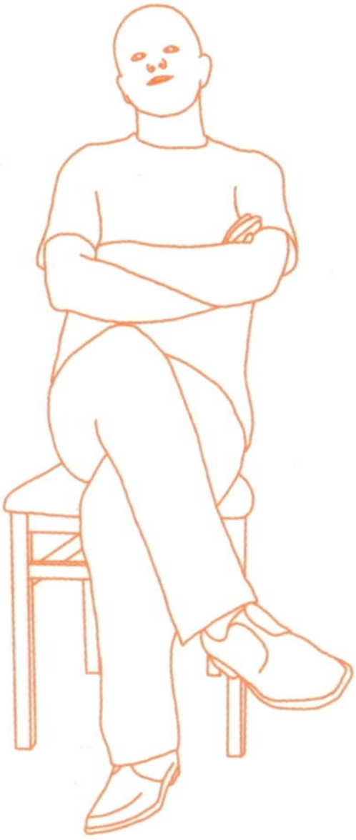

二郎腿

隐晦的离开动作

感兴趣的听众一般会稳定在同一个位置，因为他们对自己现处的状态已经满意了。而人在不感兴趣时，除了有前文提到的逃离姿势，还会伴随一些不自主的动作，如抖腿或频繁地摸腿（通常会沿着裤线方向）。

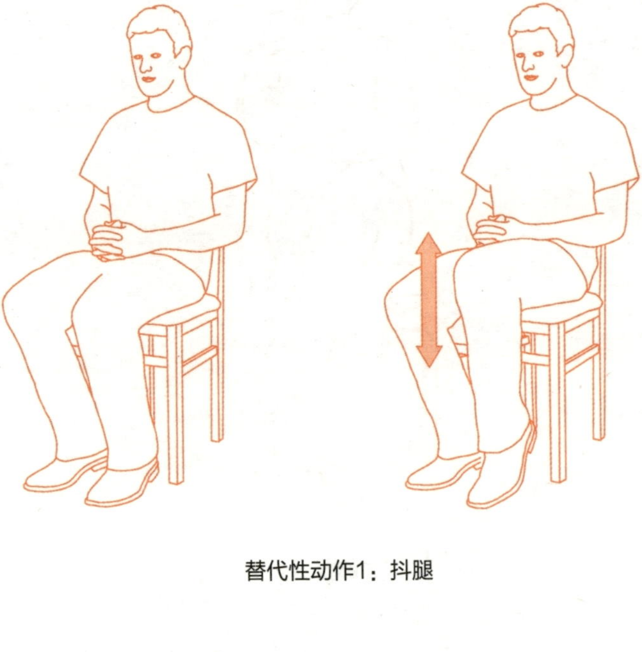

替代性动作1：抖腿

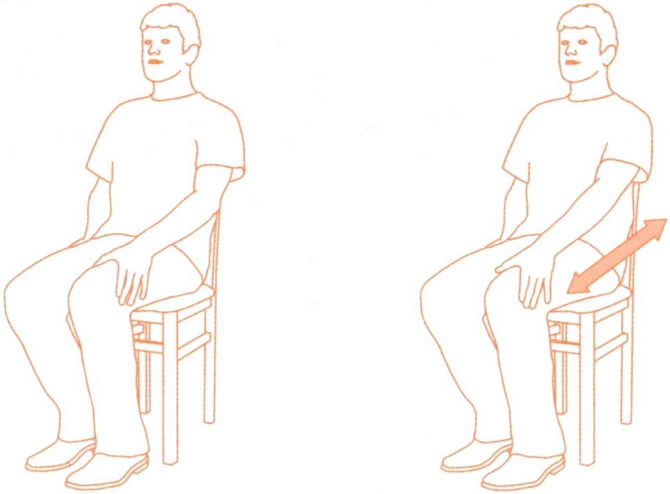

替代性动作2：摸腿

这里也有一个例外。如果你的听众在抖腿时，脚尖向上晃动，那说明他已全然放松了，很享受和你在一起的时间。这个动作不应被解读为“不感兴趣”，反而应被理解为互动信号更为妥当。

5 快速回顾——一网打尽

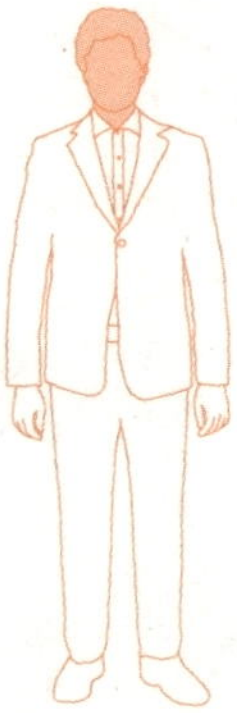

- 切断目光交流或揉眼睛
- 用力撑住头部
- 假笑

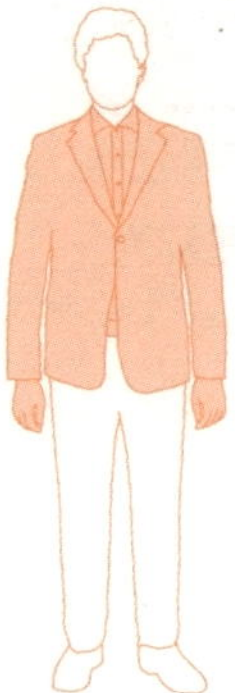

- “阻挡”：双臂交叉，通常大拇指向下或握拳（以及“拉链坏了”姿势）
- “安抚者”：不自主地重复轻抚自己
- 紧握衣物或物品

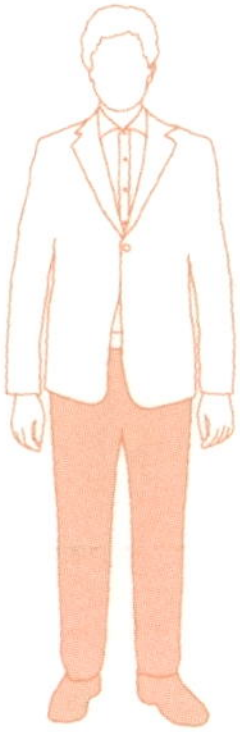

■ 脚尖朝门，逃离姿势

■ 跷二郎腿

■ 隐晦的离开动作，如摸大腿

6 练习

（1）引发触动 **

实践：解读他人

适当地让谈话产生触动的效果，由此引发关键反应。注意结合语境，然后将你引发触动的方法用最直接的语言描述出来。

情境	适宜的引言
你在简单介绍产品的核心优势。	“有关这个产品的优势，如果你愿意，我可以跟你分享一些有趣的细节。”
你不确定某员工是否在聆听，是否完全掌握你刚才讲解的步骤。	
你想知道员工们是否真的对你这位项目经理的报告感兴趣。	

（答案与建议见第183页）

（2）观察清单***

根据以下清单从上至下检查。当你重复观察上一个动作3次之后，再开始观察下一个动作。只有当你没有参与谈话时，才可以手中拿着表单一一对照。否则，还是最好把表单扔到一边，用脑子记住接下来该观察哪一条目吧。

维度	标志信号动作			
头部与肩颈	切断目光交流或揉眼睛			
	撑头			
	假笑			
躯干和上肢	阻挡			
	安抚			
	站直			
下身	逃离姿势			
	跷二郎腿			
	隐晦的离开动作			

（3）分两步引发触动

在演讲过程中稍稍分神一下，观察一位听众（至多两位）。注意观察他是否出现了标志信号动作。如果你察觉到了某个标志信号动作，就接着说“这一切都把我们引向了关键点……”，然后轻轻拍手。如果随即而来的是积极的反应（如听众恢复了眼神交流，或不再用手撑着头），那么他刚才可能就是走神了。现在在心里暗数十个数，看看他是否有负面的反馈信号。强装的感兴趣通常只能持续这么久。如果听众再次陷入不感兴趣的状态，你可以借用这样的话来引发话题触动："我知道到目前为止不是所有人都对这个话题有同等的兴趣，但是我会尝试让大家都感到惊喜。"试一试吧，你可能也会感到惊喜。

第8章

深化与组合训练

当完成前面所有章节的练习之后，你就到了做一些最终的完善练习的时候。你可以结合刚刚掌握的肢体语言技能做最后的巩固训练。

1 深化训练

（1）练习“示强”的组合

你也许已经自己尝试过将身体三个维度的肢体语言同时使用，或者尝试过一些组合序列了。下面，我们将根据学员们的反馈，从每个课题中提炼出一个最有意义且易于使用的练习。这件事像跳舞一样，需要掌握做动作的时机，才不会显得手忙脚乱。刚开始时，你最好数着拍子（“21、22、23”或“1、2、3”）。动作本身是你已经熟悉的，最多需要短暂地重复练习一下就可以了，而找准时机才是真正的挑战。你要找到自己的节奏。那我们开始吧。

第一步，向下压对方。眼睛跟着手的动作，建立起与下一个动作的联系。

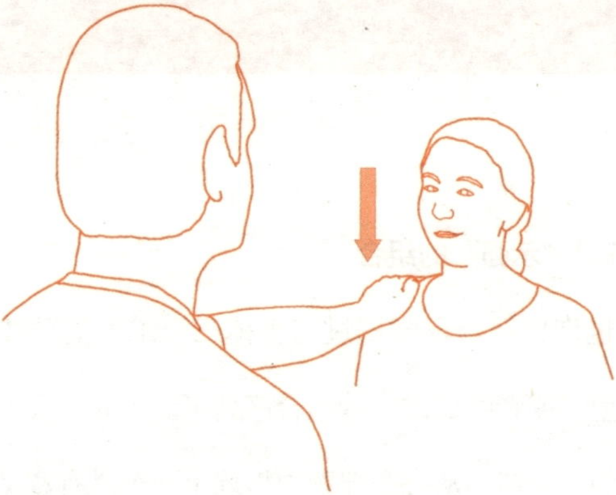

第二步，抬起头，凝视对方的“第三只眼”。

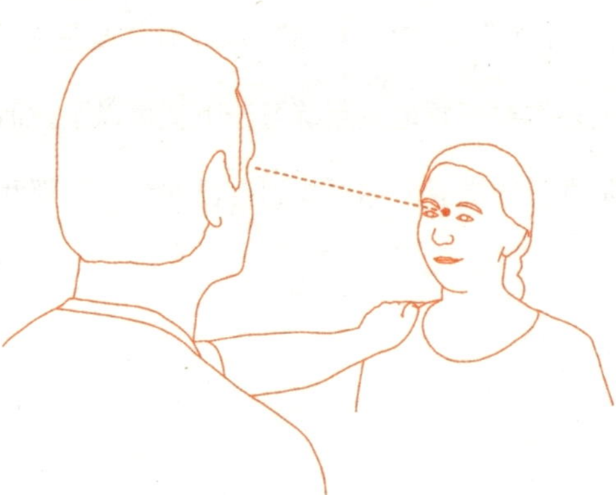

第三步，挺直腰背，让自己看起来更高大一点。

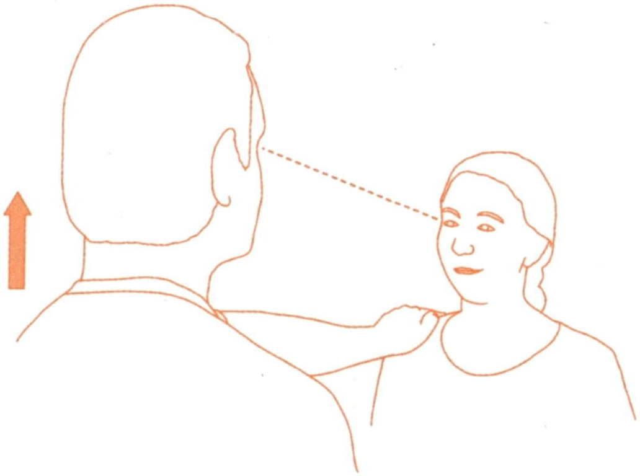

在后续的练习中，你可以改变这三个动作的顺序，同时相应地调整动作时机。

（2）练习“建立信任，获取平等”的组合

三步建立信任

■ 同第一项巩固练习方法一致。

第一步，缩小自己，歪头。

第二步，凝视对方的“眼心”。

第三步，朝对方做手掌向上的手势，抬高对方。

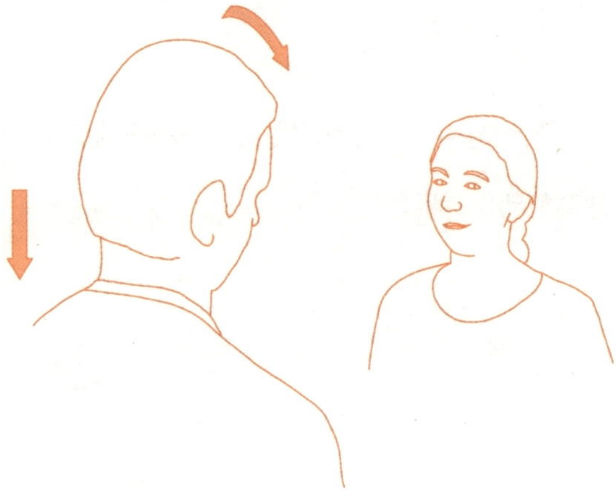

（3）练习“激励”的组合

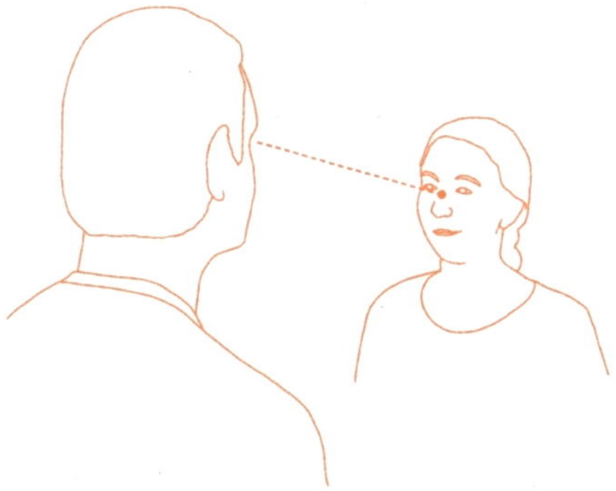

■ 同第一项巩固练习方法一致。

第一步，斜向上点头，或用你自己设计好的个人方式点头。

第二步，手掌朝向身体一侧握拳。

第三步，稍向前迈步，身体微微弯曲前倾。

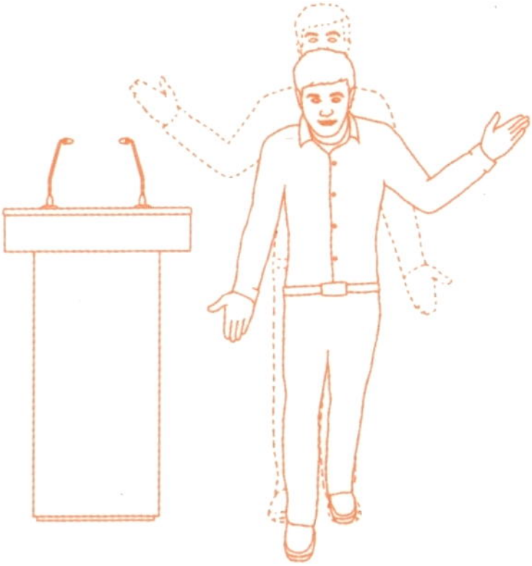

(4) 练习“演讲”的组合

■ 同第一项巩固练习方法一致。

第一步，进行直接的目光交流。

第二步，轻微踮脚。

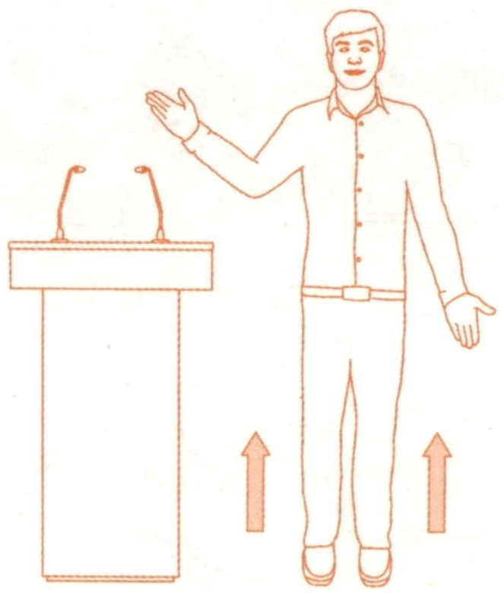

第三步，手掌摊开，沿着“电视窗口”的边缘移动。

(5) 巩固“解读他人”的组合

下面的深度练习发生在如下场景中：你的员工或学生正在安静地工作或学习，你想弄出一些动静来检验是否每个人确实都在勤奋工作，是否有人在偷懒或浑水摸鱼。

三步读懂他人

你可以试着发出“嗞嗞嗞”的声音，然后观察大家是否有标志信号动作的反应，或者说是否“露了马脚”。在英语中，相关反应被归纳为3F机制：“Flight”（逃跑）、“Fear”（恐惧）和“Fight”（战斗）。

3F机制

逃跑（摆出逃离姿势）

- 身体向后蜷缩
- 脚指向门的方向
- （过激的）快速动作，如推走或收起桌面上的“关键”物品

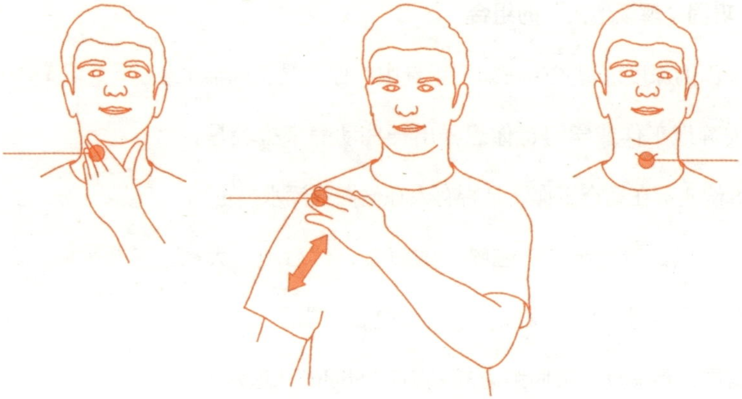

恐惧（有惊恐的表情）

- 自我轻抚
- 擦去幻想中的绒毛或污渍
- 喉咙干燥，不停吞口水

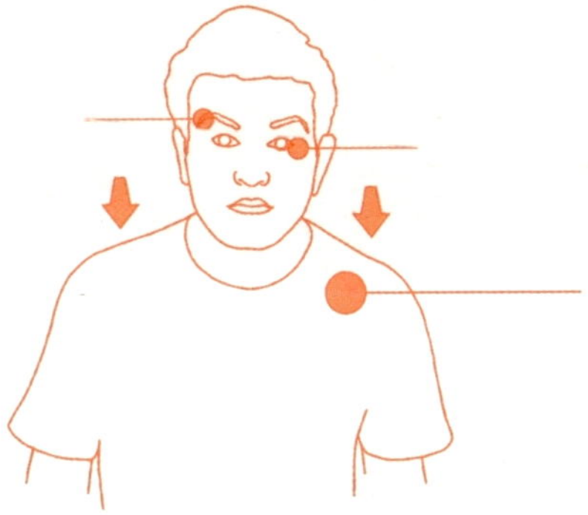

战斗（有攻击性反应）

- 眼神（过激的）快速移动
- 挑眉
- 向观察者方向弓背

2 组合训练

本书聚焦于最基础的肢体语言。因此，无论是在哪一个专题下，书中所涉及的肢体语言元素几乎都可以随意组合。

在一些情境下，你可能会同时使用不同课题中的肢体语言。比如，你可能想先抬高自己的姿态，再放低；或者故意让他人感到难以捉摸。在销售推介时，你可能希望演讲时自己看起来是拥有地位的业内专家，或相反的，希望降低身段、获取信任。你也许还需要在演讲结束时利用鼓舞他人的身体姿态来掩盖隐含的问题或销售意图。

以下的动作组合都是经过检验的，值得一试！但是还有许多其他组合也有效果，不要让我们的建议限制了你创新的空间！

组合动作 1

组合：提高或降低身段

尝试一下，让自己能做到看起来比对方高大，或者比对方矮小，这样可以在表达你感兴趣、传递亲切感的同时显示出独特（而强势）的地位。这是一道数学题，简单地将肢体语言叠加，就能达到相应的效果。为此，你可做出如下“示强”和“歪头”组合：

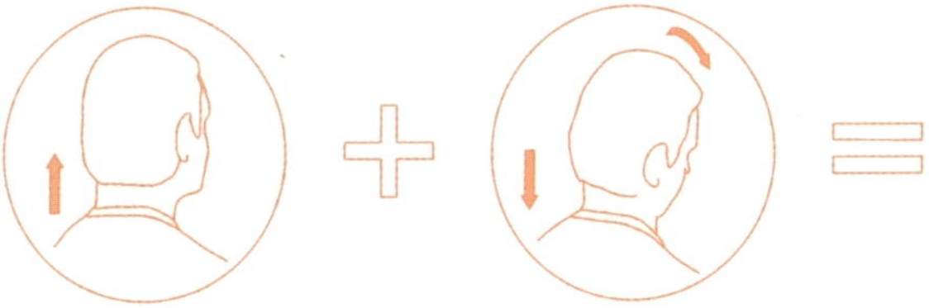

“强势但亲切”

组合动作2

你还可以尝试以下动作的组合。在凝视对方“第三只眼”的同时摆出“抬举”对方的姿态。

组合动作3

组合：示强和演讲

你是一位专业人士（但愿是高薪的）。在演讲中你想体现出自己的专业能力及表达“名师出高徒”的隐含信号，则可以叠加“压迫”和“电视窗口”两个动作。

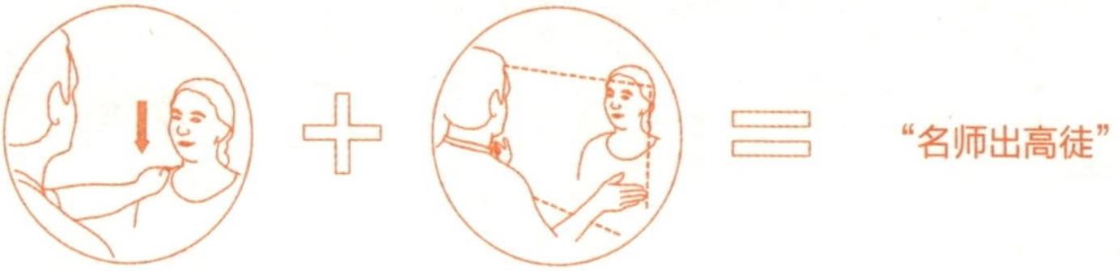

组合动作4

下列组合也可以传递出类似的信号。这个组合中结合了“第三只眼”和一个表示“强调或引用”的手势。

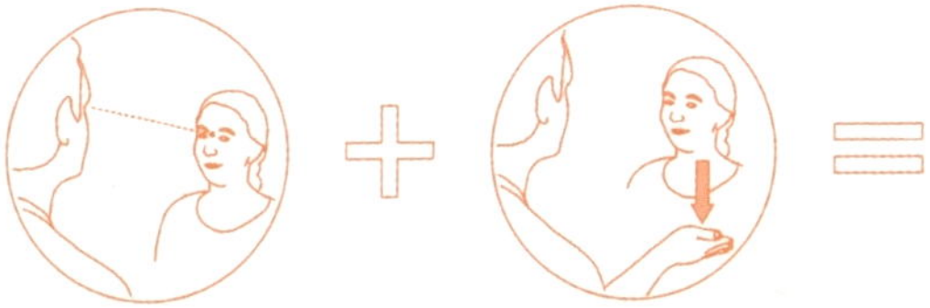

“今天给你上一课”

组合：降低姿态与自信演讲

客户往往在交易过程中被销售人员的信息和语气搞得不知所措，内心慌乱。如果你想在交易过程中获取客户的信任，同时充满底气，可以叠加“前倾”和“凝视眼心”两个动作。

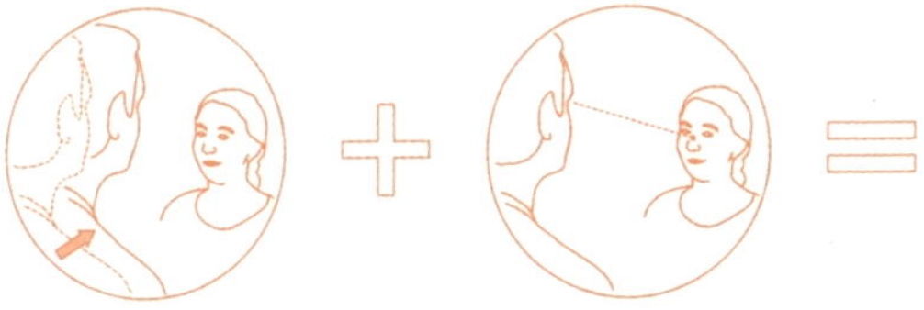

“买卖不成仁义在”

组合：演讲和激励

通常情况下，演讲后的提问环节效果总是不理想，因为听众的参与度和积极性很低。你可以改变这一情形！

结合“强调手势”和“重复动态动作，让人不自觉地被激活，想模仿”。

结束语

像最后一个练习手势所传达的一样：“我的演讲，有你参与！”希望你已在实践练习中收获颇丰，动力十足。你可以有针对性地使用肢体语言，让肢体语言成为自己表达的一部分。

现在你已对肢体语言在社会层面和个体层面都有了一定的了解，通过热身训练解放了天性，学会了通过肢体语言示强、示弱，可以更好地带领自己可爱的团队；掌握了许多用以激励、鼓舞他人和演讲的动作表达，可以辨别听众或员工是专注的还是逃避的。

根据学员们和教练们对这门肢体语言培训的积极反馈，我相信你也可以因这些新技能而受益匪浅。一位神父在我们这些肢体语言技巧的帮助下，让布道台重新吸引住了信徒们。如他说：“上帝让我成为他们的一员。”好嘛，如果上帝都推荐这本书，它大概对你也能有所帮助！

参考答案及解决方案

第 3 章

练习（5）

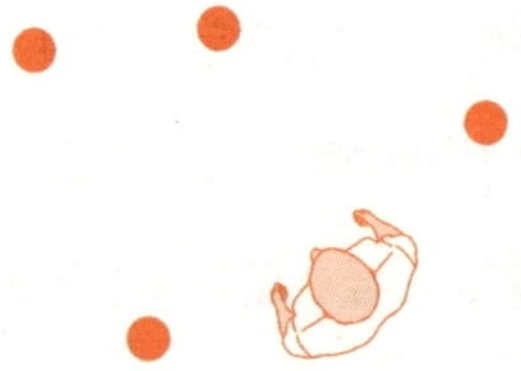

在群体中最能显示地位的位置

练习（6）

根据在房间中的空间分布、站立姿势和“压迫式”的支配手势，左边第二个人获得了所有人的注意，很可能是地位最高的人。

第 4 章

练习（3）

中间的两个人似乎有着最紧密的信任关系。除了他们身体距离相对更近，还都使用了（几乎）完全开放式的姿态来表达热切感，两人为自己营造的个人边界也近似。

第5章

练习（3）

据统计，效果最好的搓手时长约为1秒（根据统计数字及本人研究）。

第7章

练习（1）

情境	适宜的引言
你在简单介绍产品的核心优势。	“有关这个产品的优势，如果你愿意，我可以跟你分享一些有趣的细节。”
你不确定某员工是否在聆听，是否完全掌握你刚才讲解的步骤。	“这一步骤似乎整体上很清晰了……这里我们只需要快速地理顺一下（各就各位，预备，开始！）”
你想知道员工们是否真的对你这位项目经理的报告感兴趣。	“现在有一个有趣的问题：经理先生，你可以从员工理解程度的角度评价一下你的报告吗？你能简短总结一下吗？”

参考文献

Argyle, Michael.*Köper und Kommunikation*. Paderborn: Junfermann,2013.

Boal, Augusto.*übungen und Spiele für Schauspieler und Nicht-Schauspieler*. Berlin： Suhrkamp, 2013.

Bruno, Tiziana und Adamczyk, Gregor.*Köpersprache*. Freiburg： Haufe, 2011.

Ekman, Paul.Gefühle lesen: *Wie Sie Emotionen erkennen und richtig interpretieren*. Munchen: Spektrum, 2004.

Fast, Julius.*Body Language*. New York： M. Evans & Company,2002.

Johnstone, Keith.*Improvisation und Theater*. Berlin： AlexanderVerlag, 2010.

Krull, Caroline und Schmid-Eggers, Christian.*Köpersprache wahrnehmen, erkennen*, deuten. Munchen： Beck, 2012.

Kuhnke, Elisabeth.*Köpersprache für Dummies*. Weinheim： Wiley VCH, 2013.

Matschnig, Monika.Köpersprache. Munchen： Grafe und Unzer,2013.

Molcho, Samy.Alles über *Köpersprache*. Munchen： Mosaik Verlag/Goldmann, 2012.

Molcho, Samy.Korpersprache des Erfolges. Munchen： Ariston,2010.

Nasher, Jack. *Durchschaut*. Munchen： Heyne, 2013.

Navarro, Joe und Karlins, Marvin.*Menschen* lesen. Munchen： MVG, 2010.

Navarro, Joe.*Der kleine Lügendetektor*. Munchen： MVG, 2013.

Pease, Allan und Barbara. *The Definitive Book of Body Language*.London:Orion Books, 2004.

Pease, Allan und Barbara.*Die kalte Schulter und der warme Hädedruck*.Berlin： Ullstein, 2013.

Reiter, Michael.*Ihre Ausstrahlung–erkennen, entwickeln und bewusst leben*. Reiburg： Haufe, 2012.

Sarkis, Stephanie.*43 quotes on body language*. http://www.psychologytoday.com/blog/here-there-and-everywhere/201109/43-quotes-body-language.

Senturk, Jan.*Wie ich sehe, was du fühlst*. Munchen： Piper, 2012.

Standop, Eric.*Gesichtlesen: Face Reading*. Darmstadt： Schirner Verlag,2012.

Wirth, Bernhardt P.*Alles über Menschenkenntnis, Charakterkunde und Köpersprache*. Munchen： MVG, 2011.